黑魔術の手帖

黑魔法手帖

澀澤龍彥 著

黑魔法手帖 專文推薦

若無澀澤龍彥大量引介翻譯西方的著作，日本的藝術和文學定會失色不少！他的研究包羅萬象：暗黑文化、情色異色、美學藝術、性學哲學、宗教學……身為知識的開拓者，學識淵博，藏書豐富，由他引領進入黑魔法的世界絕對過癮！

——舊香居店主 吳卡密

走進黑暗，才能看見不同色階的「美」，占星、黑魔法與鍊金術，還有衍生自其中的魔物幻影，日本文壇若沒有澀澤龍彥，就等於少了最具幻想的「異色」。

——作家、私人圖書館「櫞椛文庫」館長 林廷璋

有涉足惡魔學領域的讀者，本書是部寶典，值得一讀。從未涉獵過此領域的讀者，不妨以故事書或是奇談逸聞的心態閱讀，也能得到意想不到的樂趣。

——『幕末・維新史』系列作者 洪維揚

一探黑魔法的神祕魅力，邪惡、瘋狂，解不盡的謎題，令人深深著迷。

——人氣恐怖作家 醉琉璃

異端的幻想文學家——澀澤龍彥

日本文學權威　林水福

一

擁有《澀澤龍彥全集二十二卷・別卷二》以及《澀澤龍彥翻翻譯全集十五卷・別卷一》的澀澤龍彥（本名龍雄，一九二八—一九八七），作品少見於台灣書肆。

楓樹林出版社獨具慧眼，計畫出版以《黑魔法手帖》為始的澀澤龍彥系列作品，為台灣讀者提供不同景象的日本文學作品，身為日本文學研究者，欣喜之餘，樂於大力推薦！

澀澤龍彥，何許人也？

對國內愛好日本文學者而言，可能相當陌生，因此，有必要對他稍加介紹。澀澤龍彥與之前日本ＮＨＫ晨間劇澀澤榮一（一八四〇—一九三一　明治大正時期實業家、財界指導者）是親戚關係。相傳龍彥幼時，被澀澤榮一抱著時，曾在他身上灑尿。

據龍彥的妹妹幸子的回憶，小時候星期天兄妹常被帶到銀座逛街，看漫畫電影之後，在外用餐。也常全家到上野動物園和小石川植物園觀賞。

龍彥幼時嗜讀山中峯太郎、江戶川亂步、南洋一郎等的冒險小說，比起寫實作品更喜歡浪漫小說和怪奇、恐怖小說。後來筆名的「龍彥」即取自山中峯太郎的幻想性冒險小說《萬國的王城》主角的名字。

高中畢業，考東京大學法文系，名落孫山。打工時，當《摩登日本誌》（新太陽社）的編輯，獲當時的總編輯吉行淳之介疼愛、知遇，常晚上一起飲酒。小說習作請吉行指教，吉行認為他的作品有虐待狂傾向。

第三年終於考進東京大學文學部。一九五三年畢業，畢業論文《薩德的現代性》，自述自己以薩德寫論文，是最初或許也是最後。澀澤寫薩德當時，薩德的文學家評價不僅不佳，許多人認為他是官能性作家，學者對薩德研究不懷好意。據說澀澤的畢業論文第一次提出後，被學校退回。薩德研究，被學院派排擠在外。報社和出版社的就業考試，皆失敗。

之後，入東京大學碩士課程，因患肺結核無法就業。一九五四年為白水社翻譯尚・考克多（一八八九—一九六三法國小說家，有《美女與野獸》等作品）的《大劈腿》，第一次使用筆名澀澤龍彥。

這時候，父親遽逝，家中經濟困窘，擔任岩波書店兼差的校對，與後來的第一任妻子矢川澄子認識。一九五五年與友人成立同人誌《領域》發表〈撲滅之賦〉等；〈撲滅之賦〉被視為是澀澤的處女作。

一九五九年，澀澤翻譯的薩德原著《惡德的榮光》於現代思潮社出版。一九六〇年四月該書以性表現的理由遭到禁止發行處分。

一九六一年澀澤與現代思潮社社長石井恭二被以販賣薩德猥褻文書罪名起訴。

三島由紀夫給澀澤的明信片上寫著：「這次事件的結果，如果閣下成了前科者，小生以擁有前科者朋友感到無比的光榮。」

之後，歷經九年的審判歲月，被稱為〈惡德的榮光事件〉被告人。埴谷雄高、遠藤周作、白井健三郎擔任特別辯護人，大岡昇平、吉本隆明、大江健三郎、奧野健男、栗田勇與森本和夫擔任辯方證人。澀澤本人卻不把官司當一回事，開庭時因睡過頭而遲到，惹得辯護人等生氣。

最後法院宣判裁定罰款七萬圓。得知宣判結果，澀澤語帶嘲諷說：

「什麼才罰七萬圓，我還以為會坐幾年的牢呢。罰七萬的話，我還可以來幾次呢！」絲毫不把官司當一回事。

澀澤以薩德的文學論中心，加上針對美和自由的獨自考察，所寫的散文集，以及幻想小說的短篇集《犬狼都市》都受到文壇的好評。

二

將薩德介紹到日本的功勞者而聞名的澀澤龍彥，將當時不見陽光照射不到的文化，如暗黑舞蹈（由日本舞蹈家土方巽和大野一雄於二次大戰後所創，企圖破壞西方對於表演、動作、和肢體的傳統美學觀點，追求肉體之上的心靈解放和自由。舞踏的舞者通常全身赤裸並塗滿白粉，表演中常包含吶喊、扭曲、匍匐、蟹足等元素。）、球體關節人形（起源自歐洲，泛指各種擁有球型關節的可動人偶。由於關鍵部位裝有球型的關節，使人形能夠做出許多接近於真人的姿勢。）於隨筆中介紹，也功不可沒。總之，他是像少年一樣充滿好奇心，是集所有幻想、色情、頹廢於一身、變化自在的文學家。

澀澤多年的朋友三島由紀夫說：「他的博學多識無可企及，而在友情醇厚，愛妻家方面也是出名的。要是沒有他這個人，日本將會是多麼寂寞的國家啊！」

重要的作品有《黑魔法手帖》、《犬狼都市》、《毒藥的手帖》、《神聖受胎》、《夢的宇宙誌》、《薩德侯爵的生涯》、《解剖色情學》、《妖人奇人館》、《唐草物語》（獲泉鏡花獎）、《幻想博物誌》《偏愛的作家論》、《有惡魔的文學史》、《思考的紋章學》、《玩物草紙》、《城》與《三島由紀夫備忘錄》等。

三

一九六一年出版的《黑魔法手帖》，即使到今日內容仍然有趣，依然不褪色。將人類暗黑的思想，即占星術、煉金術、咒語、觀相學、妖術、黑彌撒、古代塔羅牌及卡巴拉等「黑魔法」的世界，與各色各樣的軼聞一起介紹，到處充滿著詩、驚異、幻想等，趣味十足。

《黑魔法手帖》的最後壓卷之作，〈吉爾・德・雷男爵的肖像〉記述男爵將靈魂賣給惡魔，殺掉許多孩子的故事。吉爾幾乎將所有財產投注在黑魔法和煉金術的研究。

他本來是信仰虔誠的基督教徒，遇見普勒拉蒂魔法師之後，轉變為嗜血的惡魔。吉爾殺害幼兒的描寫極為殘虐，讓人感受到強大的衝擊力。而殺害之後，對屍體的「疼愛」也是「一絕」，前後反差過大，不禁讓人懷疑同一個人為何會這樣？產生一連串的驚訝與恐怖！

《黑魔法手帖》讓人感覺重點不是為了解明黑魔法和煉金術等不可思議的現象，而是活著的同時尋求如何取得通往另一世界的通行證的方法。

目次

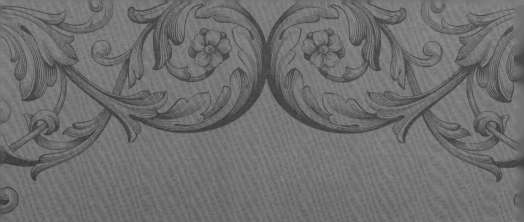

第一部

雅各布斯的豬

圖1　約翰・迪伊（John Dee）與凱利（Edward Kelley）的招魂術

女妖術師、女巫這類人物，自古以來不計其數，卻不曾耳聞有女魔法師、女方士（magus）的存在。依據艾利馮斯．李維（Éliphas Lévi）提出的定義所示，妖術師與魔法師的差別在於「前者是惡魔手下的奴隸，後者為號令惡魔的主權者」，相當於精通宇宙神祕奧義的專家。也就是說，方士為了推敲宇宙奧祕，必須超越人類的欲望甚至喜怒哀樂，而這般高深的精神層次，在當時認為女性難以掌握或許也是合情合理之事。如同普遍認為音樂領域的演奏家以女性居多，但是作曲家卻鮮少有女性存在一樣，與此同時，音樂也可用惡魔來比喻。

當然，傳說中還是有幾位堪稱女魔法師的人物存在，只是詳查之後，似乎還是無法完全滿足魔法師的精確定義。舉例來說，古希臘亞歷山卓的女哲學家希帕提亞（Hypatia），雖被基督教徒視為異教徒慘遭虐殺，但她似乎並非魔法師。甚至連巴比倫尼亞的女王沙米拉姆（Semiramis），縱使她建造了古代世界七大奇蹟之一舉世聞名的空中花園等，充滿著神祕感，仍舊只是被稱之為豪奢放逸的女王。若提到示巴女王（Queen of Sheba），則是淹沒在傳說的雲霧之中，無從獲悉她的性格如何。而德魯伊教（Druidism）的出家女眾，應該算是女巫的一種。不過被稱作「畢達哥拉斯教派」的祕密組織中，居然找不到任何一名女性。傳說受到神祕啟示的基督教聖女亞維拉的德蘭（Teresia Abulensis），如此描述其體驗法喜的感受：

「我看見了黃金長槍，槍尖上似有火苗。長槍屢次刺穿我的心臟，一路穿透五臟六腑。每當槍被拔出時，感覺我的臟腑也一併被拔出，全身被神的大愛之火包覆。這等苦痛十分煎熬，叫人忍不住呻吟，卻還是不願從中獲得解脫。」

依照女精神分析學家瑪麗・波拿巴（Marie Bonaparte）所言，這種徵兆與性高潮如出一轍。總之對女性而言，即便是聖女，要超越肉體感受也是難若登天，可見魔法師在求知欲與權利欲望的附體下，那種孤獨、非人的終極精神境界實在難以到達。

話說回來，男魔法師及男方士又是如何呢？其實男魔法師、男方士在歷史上比比皆是，可是步上悲慘結局的人卻出乎意料地多，接著為大家舉幾個有名的例子。

古羅馬皇帝尤利安足以稱作古代希特勒，他破壞基督教文化，又崇拜異教之神的太陽神密特拉（Mithra），甚至對各式魔法插足其間，最後在波希戰爭中受傷而亡。傳聞當時他用手掌接住一湧而出的鮮血，往天空灑去，痛心疾首地怒喊：「加利利人，你們贏了！」這位皇帝在新柏拉圖主義*的哲學家中雖是首屈一指，然而他的執著還是叫人毛骨悚然。

吉爾・德・雷（Gilles de Rais）是中世紀勢力強大的法國領主，聘召來自義大利的魔法師普勒拉蒂（François Prelati），犧牲無數孩童的性命，沉湎於黑彌撒的神祕儀式，最後被拉上裁判所受審時，才流下眼淚悔悟不已（請參閱〈吉爾・德・雷男爵的肖像〉章節）。

名氣最為響亮的的煉金術師尼古拉・弗拉梅爾（Nicolas Flamel）為人吝嗇，一般來說同道中人幾乎都是失敗收場而身敗名裂，然而這一位卻成為百萬富翁，放起了高利貸。現實中也有庸俗的魔法師，而他正是墮落的其中一例。

文藝復興時期的偉大魔法哲學家阿格里帕．馮．內特斯海姆，晚年陷入懷疑論中，創作出《解析科學的不確定性及虛榮》[1]這本著作後竟陷入窘境，不得不宣告自己煞費苦心構築的哲學理論分崩離析。同一時期的天才醫生帕拉塞爾蘇斯（Paracelsus），一生漫遊世界各國四處流浪，卻被當作是個愛吹牛皮的同性戀，最終酗酒成性，因與人發生爭執而暴屍於市。

還有吉羅拉莫．卡爾達諾（Girolamo Cardano）以及拉瓦特爾（Johann Caspar Lavater）這些人，在不明原因下自殺，十八世紀的煉金師卡里歐斯特羅（Alessandro di Cagliostro）則是被捲入政治事件而打入苦牢，諸如此類不勝枚舉。

就像這樣，方士最終只有淒涼悲慘的命運在等著他們。儘管如此，人類對於知識與權力所懷抱的痴夢，還是讓他們不得不背離救贖宗教的光明思想（magie blanche，又作白魔法），無止境地步上所謂的黑暗思想（magie noire，又作黑魔法）一途。其實嚴格來說「白魔法」與「黑魔法」很難區別，任何人都會相信自己才是正確的一方，並認為自己才是屬於「白魔法」。例如和耶穌年

＊ 新柏拉圖主義（Neo－Platonism），由阿摩尼阿斯．薩卡斯於三世紀開創，以柏拉圖主義為根據，與亞里斯多德學說和斯多噶派揉和，以古希臘思想來建構宗教哲學，並將人神關係置於道德修養的核心，強化了哲學和宗教之同盟的神祕主義。

代相同，提亞納的阿波羅尼烏斯（Apollonius of Tyana）等人物所展現的奇跡，便難以區分是「白魔法」或「黑魔法」。但是一般所謂的黑魔法，意指直接向地獄魔王路西法祈禱，召喚出各路惡鬼的行為，這樣明顯與基督教相違背，就屬於「黑魔法」的領域。

拉蒙．柳利（Ramon Llull）這位魔法大師，不僅是名詩人、煉金術師，還是天主教的殉教者。他出生於熱那亞，年輕時是惡名昭彰的好色之徒。當時他在街上邂逅了名叫安布羅吉亞的美女，對其一見傾心，窮追不捨，情書情歌攻勢頻發，最終才獲對方好意回應。於是他興奮地闖進美女房中，美女冷不防解開胸衣鈎扣，向他露出了半邊乳房。乳房上卻長滿可怕的黑色癌細胞，布滿孔洞。

「我這樣慘不忍睹的身體，你會想要奉上自己的青春嗎？」美女說完，彷彿點醒了年輕氣盛的風流子弟，教會他神與學問永恆之愛的道理。從此之後，拉蒙．柳利奮發興起，成為一名鴻儒，最後在突尼斯傳教期間，被來自阿拉伯的暴徒亂石打死。素日他總將殉教掛在嘴邊，最終算是如願以償。

上述內容有如在說教一般，實在抱歉，但是我真的認為這個名叫安布羅吉亞的美女，才是技高一籌的魔法師。說不定她是為了讓討人厭的好色之徒打退堂鼓，於是設法在乳房上做手腳，讓對方以為乳房上長滿了可怕的癌細胞。如果是這樣的話，她才是意想不到的大騙徒，即使無法稱作是魔法師，也足以稱之為手法高超的魔術師。果然男人縱情恣欲的下場，即便身為魔法師，對於情色騙局也難以招架。

最令人同情的例子，是英國伊麗莎白時代著名的占星博士約翰．迪伊（John Dee）。他原是一名虔誠的學者，卻在騙徒煉金師愛德華．凱利的唆使下，最終墮入魔道，沉迷於怪異招魂術（necromancie）儀式。所謂的招魂術，是將死者從墳塲召喚而出的咒術。十九世紀初期，在倫敦出版的古插畫集裡，就有一張插畫是二名男子並排站在地面上畫好的驅魔圈中，二人面前站著身穿白壽衣的僵直死者。學士裝扮的二名男子，想當然是迪伊博士與凱利，畫中的凱利手持魔法書一臉沉著，迪伊博士卻是手握火把，看似全身發抖著（參閱圖1）。

等到二人像這樣召喚出死者後，依照亡靈的吩咐，將各自的妻子與對方交換，開始沉淪於放誕不羈的性生活之中。魔法會使人亂性，即便是迪伊博士這種耿直的學者，還是被好色騙徒凱利的花言巧語給澈底玩弄，對水晶球占卜與招魂術等一連串的咒術神魂顛倒，最終只得暫時逃離英國，陷入窘境，實在可笑又可憐。

自古流傳下來的魔法書《赤龍》[2]中，詳細描述了這種招魂術的作法，在此介紹給大家參考。書中寫道，咒術師一開始必須在聖誕節深夜十二點，準時參加教會彌撒。接著在領受聖體時，低下頭低聲用拉丁語念誦，「死者啊，起身來到我的身邊」，然後步出教會前往墓地，並朝著身邊最近的墓碑高呼，「地獄的惡魔啊，造成全宇宙一片混亂的汝啊，拋棄你陰暗的棲息地，度過冥河而來吧！」稍待片刻之後，再次發出祈禱，「倘若汝能讓我召喚的死者重獲自由，但願汝以諸王之名，讓該死者於指定時刻現身。」緊接著手抓一把泥土，像在田地播種一樣四散開來，同時低聲吟唱，「死去的人啊，從墓地中醒來，從土灰中起身，以全人類之父之名，回答我的問題吧！」

接著跪拜在地，視線朝向東方天空，一直維持這個姿勢跪著，直到「太陽門」敞開為止。「太陽門」所謂何物無從得知，大概是表示星位的用詞。接下來須備妥二根脛骨握在手上，擺出聖安得烈十字（St. Andrew's Cross）的形狀壓在胸前，也就是X的形狀。接著離開墓地，將這二根脛骨拋到最近的教堂屋頂上，朝著西方一步步走去，來到正好五千九百步的地方之後，側躺在地面上，雙手在雙腳上交疊，凝視著遠空的月亮，出聲說「我在等你，快現身吧！」並呼喚死者的名字，亡靈便會立即現身。

將亡靈送回墓中時，須先唱誦「回到中選者的國度去吧，回去吧！」接著再返回最初的墓地，然後用左手，在墓石上以刀尖刻劃上十字架的形狀，這樣便能將死者封印起來。魔法書的最後，還寫有注意事項，「進行規定的儀式時，不得疏忽任何細節。若有疏漏，恐將陷入惡魔之手」，看來絕對不容以輕率態度投入魔法之中。

一般人口中廣泛流傳的魔法書，除了這本《赤龍》之外，還有《大阿爾貝特》[3]、《小阿爾貝特》[4]、《金字塔的老人》[5]、《袖珍本》[6]及《黑母雞》[7]等眾多書籍，其中也有頗為不正當的行為，比方說「從窗戶偷窺女鄰居的方法」，或是「讓女孩子裸身跳舞的方法」、「讓滿載乾草的車子翻車的方法」，其他還有猥褻春藥的偏方以及詛咒的方法。這類魔法書從中世紀到十七世紀這段時間，於歐洲鄉村地區大肆流傳，讓貧困交加的平民婦女，以及備受壓抑的無知男子為之瘋狂。接下來大家都知道，這些魔法甚至導致極其殘忍的宗教審判與異教虐殺的流血事件。

但是最早流傳下來的正統魔法書《宣誓就職的榮譽書》[8]，就是在十三世紀由古羅馬教宗和諾理三世，親自將來自拜占庭帝國的原著《所羅門的鑰匙》（Clavis Salomonis）修改而成。堂堂教宗竟染指魔法，實在叫人震驚，不過天主教的正統信仰在當時並未確立，異教邪說紛亂無序，所以才會出現類似小栗虫太郎筆下《黑死館殺人事件》的思維二世，俗稱葛培特（Gerbert）等例子一樣，身為教宗還試圖主宰惡魔領域的例子比比皆是，或許和諾理也是其中一人。只不過，依據《高等魔法之教義及儀式》[9]一書的作者，十九世紀的偉大魔法學者艾利馮斯．李維的說法，這本魔法書的編述者並非和諾理三世，應是和諾理二世。不僅如此，這位教宗也不是實際存在真正的同名教宗，而是十一世紀帕爾瑪異教阿爾比派（Albigeois）的主教卡達魯斯（Peter Cadalus），其覬覦羅馬的地位卻垮臺，遭逐出教會後率領簇捧他的一群叛教教士及魔法師，僭稱教宗之名，即所謂的「偽教宗」。這樣看來，怪不得李維會認同這本魔法書內含一種惡的哲學，存在來自東方的諾斯底主義（Gnosticism）。

若利斯．卡爾．於斯曼的門生，《惡魔學與魔法》10一書的作者朱爾斯．博瓦（Jules Bois）主張，塔羅牌中的第五張牌「教宗」所描繪的，正是這位偽教宗卡達魯斯的肖像。自不待言，圖畫雖然看似稚拙的漫畫，仔細想想卻是很有意思的，由此可見這種神祕的紙牌與異教及卡巴拉哲學的誕生有著密切關聯。

塔羅牌的第二張牌「女教宗」中畫有滿頭捲髮皮膚黝黑的女子肖像。若說到有女教宗的存在，或許有人會感到驚訝，不過這位正是眾所皆知傳說中的人物瓊安（Popess Joan），而且一直以來皆相信確有其人。雖然過去有段時間都認為這位人物是個男人，不過有次爆出醜聞，她竟然在隊伍中，從僧衣底下誕下一名嬰孩，自此以後，據說在選舉羅馬教宗時便有一個慣例，一定會讓候選人坐在設有孔洞的椅子上，以便從下方伸手進去確認是否具有男性性徵。無論是偽教宗或是女教宗，基督教歷史的內幕還真是無奇不有。

《宣誓就職的榮譽書》的原著《所羅門的鑰匙》，堪稱為所有魔法書之根基的經典原著，依據猶太人所羅門王創始神祕學的這項古老傳說顯示，這本書早在羅馬時代就已經相當盛行，且按照希伯來語的格式，用羅馬字著作而成，包含彼得羅．達巴諾*以及阿格里帕這些大魔法師，紛紛祕密收藏。以除魔符號描繪而成的圓圈中，除了有五芒星形以及三角形之外，事實上還包含了複雜的形狀，而所羅門護身符，則是用二個三角形組合而成的六角形。

JEHOVA
MESSIAH
EMMANUEL
ELOYN
ARPHETON
TETRAGRAMMATON
ADONAY
ANASBONA
JESSEMON
ERIGHON

圖2　阿格里帕的魔法圈

召喚惡魔的方法中有許多繁複的儀式，不過接下來將從最簡單的《黑母雞》魔法書為大家介紹。依據這本書的內文所示，試圖召喚惡魔的人，首先須抓著一隻未曾下過蛋的黑色母雞，走到二條路交叉的十字路口，於深夜時站在這裡將母雞一分為二，並用拉丁語唱誦咒語，「神啊！魔鬼啊！聽從我的召喚吧！」此時還必須向東跪下，手持柏木枝。傳聞如此一來，惡魔便會現身。這個作法很簡單，有興趣的人不妨一試。

還有一些其他的魔法書，是由生於十六世紀的德國，聞名遐邇的偉大妖術師約翰．浮士德所著作。例如以《地獄束縛》[11]為題的著作，曾出現非常多不同版本，其中一個版本是教宗亞歷山大六世在位期間於羅馬所出版。但在浮士德墜入魔道時，已經是教宗亞歷山大六世去世後二十年的事了，所以浮士德為作者一說實在令人生疑。另一個版本，則是在一四〇七年時於帕薩印製而成，但是印製時間卻比浮士德的出生日還早一百年，時間錯誤根本不合情理。就連以《偉大的海之靈》[12]為題的魔法書，傳說也是浮士德的著作，這本書是在一六九二年於阿姆斯特丹印製而成，於賀爾貝克．貝卡這家書店販售，這本比較值得讓人相信為浮士德所著。

這本書的序文中有寫道，浮士德與派遣梅菲斯托費勒斯（Mephistopheles）前來的惡魔巴力西卜所進行的交易。浮士德設計的除魔圈，是將金屬版打穿製造而成，作工繁複，而且在用槌子使勁捶打時，必須念誦「賦予我足以對抗惡魔的強大力量」。此外，置於其外圈的三角形，一定得用絞刑臺上竊取而來的三條鎖鍊，加上受車裂之刑處死的罪人額頭上釘入之鐵釘，才能製作而成。像這樣製成除魔圈後，咒術師須站在正中央，虔誠地念誦祈禱文，不時發出類似「in、ge、two、i、ge、shi、san、mimu、ta、shu」這類用意不明的擬音。接著在最後，會用「倘若你已獲惡魔寶藏，最好向神致謝，並即時前往外國。磨蹭的話，恐遭危險」這句話作結尾。如此庸俗不堪的浮士德，歌德若得知肯定悲從中來。

魔法書《赤龍》中，描寫了主要幾種惡魔與其容貌，接下來引用內文讓大家參考：「魔王『路西法』，就是地獄的皇帝，長著四根角，相貌詭異；王族『巴力西卜』，側臉就像一隻鳥一樣；大公爵『亞斯她錄』，一直伸出舌頭像在嘲笑人；首相『路西法格』，十分類似美洲印第安人；大將軍『撒但納契亞』，看似奇異的昆蟲；『阿加利亞雷特』也是大將軍，一張臉像被壓扁一般；『弗爾萊迪』是中將，以馬蹄為象徵；『薩爾加塔納斯』是旅長，有如地獄的蝴蝶；最後是少將『納貝流士』，看起來像葉子，也像隻蟲。」

看來地位愈低的魔鬼，通常愈傾向奇形怪狀，動植物不明的外形。只不過，這些圖畫似乎都是惡魔自己在合約書上簽署時，用爪子劃出來的花押，由這些證據可以知道，惡魔在描繪自畫像時還是有令人意想不到的幽默感（參閱圖3）。

＊ 彼得羅．達巴諾（Pietro d'Abano，一二五七－一三一六），文藝復興時期義大利的哲學家、占星學者、帕多瓦大學的醫學教授，被控異端和無神論，死於宗教裁判所，屍體遭到火刑。

現在法國國家圖書館現存的二份惡魔親筆合約書，一份是十七世紀盧丹（Loudun）案件中被燒死的修女讓娜（Jeanne des Anges）所有（上有惡魔阿斯摩太［Asmodeus］的署名），還有一份是因為同一案件被處以火刑的神父於爾班・格蘭迪耶*所有（上有惡魔利維坦［Leviathan］等其他惡魔的署名）。

話說有個名叫雅各布斯・德森（Jacobus Derson）的善良教士，十分沉迷魔法，他想和惡魔簽約，於是斷食三天，為魔法書焚香，並在週五夜晚潛心祈禱。此時通常會犧牲蛇類或蛙類用於儀式當中，但他似乎誤會什麼，居然選用了豬隻。因為他認為，要降伏惡魔用豬這種基督教徒的動物，會比邪門歪道的爬蟲類來得管用。每當雅各布斯想將豬隻趕入火中，豬就會嘶吼狂叫，繞著除魔圈四周奔逃。

「神啊！米迦勒啊！泰特龍啊！讓惡魔寄生在這個充滿詛咒的動物體內吧！」

＊ 於爾班・格蘭迪耶（Urbain Grandier，一五九〇—一六三四），據阿道斯・赫胥黎著作的《盧丹的惡魔》所述，法國小城盧丹的英俊神父於爾班・格蘭迪耶因為過多的風流債，最後受到修女讓娜的報復，告發其與魔鬼簽訂契約而造成眾多修女放浪淫蕩，最後被處以火刑。

LUCIFER, Empereur.
BELZÉBUT, Prince.
ASTAROT, Grand-duc.
LUCIFUGÉ, prem. Ministr.
SATANACHIA, grand général.
AGALIAREPT., aussi général.
FLEURETY, lieutenantgén.
SARGATANAS, brigadier.
NEBIROS, mar. de camp.

圖3　惡魔的種類，引用自魔法書《赤龍》

雅各布斯說完這句話後，便將驅魔長袍（袈裟的一種）朝豬用力丟過去，同時奮力吟誦天使之名，最後使劍一擊，將可憐的豬劈成兩半。從容不迫現身的惡魔，屬於地位最低下的等級，這個名叫「馬爾德夏」的三流惡魔，與犧牲喪命的豬實在絕配。

「我想與你簽訂三百年的合約，你若同意的話，這條豬就是你的了。」

「你說要簽三百年？不覺得時間太長了嗎？想活到三百年實在痴人說夢！」

「別誤會，就算我死了，我子子孫孫的靈魂還是能歸你所有，所以這是長達親子三代的合約，你沒道理挑剔。合約書我都已經準備妥當，快來簽名吧！」

惡魔勉為其難地簽了名。不過，後來依據雅各布斯所言，他澈底上當了。當他取回蓋有惡魔爪印的合約書後，仔細詳查才發現，三百年這幾個字當中的一個零，居然神奇地消失了，所以並非三百年的合約，其實只簽訂三十年。即便他捶胸頓足懊悔不已，也已經為時已晚。這個傳說告訴我們千萬不能對惡魔放鬆警惕，而這段看似滑稽的魔法史軼事，便稱作「雅各布斯的豬」。

書目註記

1. De Incertitudine Et Vanitate Scientiarum Liber，Agrippa von Nettesheim, 1527.
2. Le Dragon Rouge, 1522.
3. Le Grant Albert.
4. Le Petit Albert.
5. Le Trésor du Vieillard des Pyramides, 1967.
6. Enchiridion Leonis Papae, 1584.
7. La Poule Noire, 18th C.
8. The Sworn Book of Honorius, Honorius PP. III, 13th C.
9. Dogme et Rituel de la Haute Magie, Lévi Éliphas, 19th C.
10. Le satanisme et la magie, Jules Bois, 1896.
11. Höllenzwang, D. Fausts, 18th C.
12. Doctor Faust's großer und gewaltiger Meergeist, 1692.

第二部

卡巴拉的宇宙

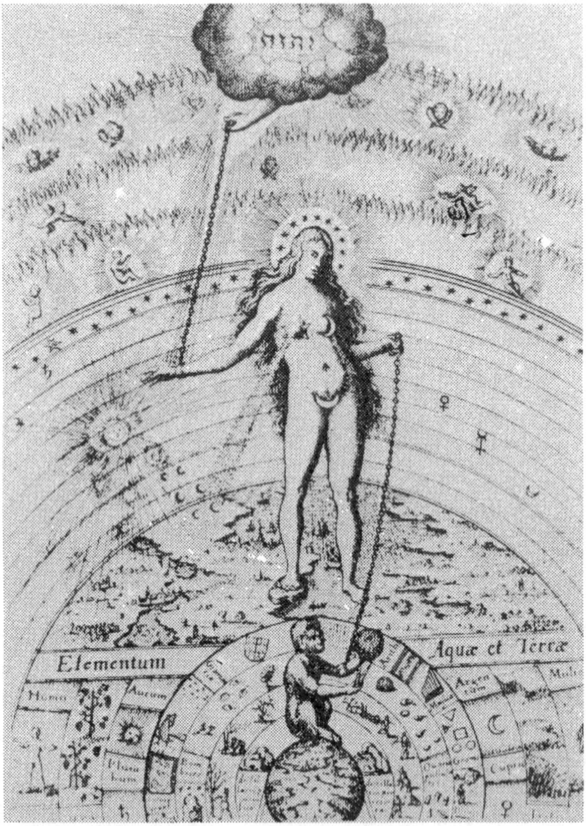

圖4　卡巴拉的寓意畫，引用自羅伯特．弗拉德（Robert Fludd）的著作

每次翻閱魔法或占星學的書籍，肯定都會看到「卡巴拉」這幾個字，究竟這種思想是由何種神祕且不可思議的原理包裝而成的呢？這種思想又是在哪個時代被何人創立，最終達到何等隱密的發展呢？既然要來談論黑魔法，必定少不了「卡巴拉」。這是個充滿謎題，孕育邪惡夢想的希伯來祕教，我們對它一定要有個大概的認識才行。

首先要從一段軼事開始談起。

第二次世界大期間，當德軍占領希臘之後，一群居住在敘利亞的猶太人，因為鄰近希臘，擔心希特勒的軍隊總有一天會攻入自己國家，日日夜不能寐。猶太人認為盟軍勢單力薄，終究敵不過德軍，束手無策只能坐困愁城之下，前去向卡巴拉學者救助。於是這群卡巴拉的學者徹夜未眠，閉目沉思之後，出現在坐立難安的群眾面前，信誓旦旦地表示，「大家請放心，危機已過」，一群人才鬆了一口氣。

這究竟是怎麼一回事？答案很簡單，總之就是這群卡巴拉的學者運用了所謂「更換」（Temurah）的易位構詞（anagram）神祕儀式，將敘利亞（Syrie）這個單字，改成了俄羅斯（Russie）這個單字。在希伯來語裡，這二個單字是用一模一樣的文字組成，所以只須將順序調換，敘利亞就會立即變成俄羅斯，而箇中祕密就在這裡。最叫人震驚的是，現實中希特勒的軍隊真的停止進軍近東地區，而且不久後便將矛頭朝向了蘇俄。

卡巴拉信徒藉由語言與數字的魔力，就能像這樣召喚精靈，實現難以置信的奇蹟，譬如撲滅熊熊燃燒的大火、擊退瘟疫，並使戰火轉向遍遠地區，這就是所謂的技巧咒術（Art magic）。不單如此，傳聞他們當中有一些人，還運用了堪稱卡巴拉最古老聖典的《創世之書》[1]，創造出令人毛骨悚然的人造人。

愛好法國電影的影迷，應該都知道一代名導朱利安．迪維維耶（Julien Duvivier）所執導的科幻電影《巨人魔像》（Le Golem）。片名中的 Golem，在希伯來語意指「尚未成型之物」。十六世紀中葉，初次創造人造人魔像的卡巴拉大師，就是學問淵博的猶太僧侶——切爾姆的以利亞（Elijah of Chelm）。以利亞在黏土製成的人偶額頭上，寫上了神的隱祕姓名，再對著這個人偶注入生氣。但在迪維維耶電影中出現的卡巴拉學者，其實是更為後期的人物，即名叫作猶大．羅本．比撒列（Judah Loew ben Bezalel）的布拉格律法博士（猶太教教士）。傳說中指出，這位教士並不害怕日漸成長的魔像，還消去人偶額頭上刻劃的神姓名，使它變回原來的黏土。在電影中，這個魔像隨同猶太百姓反抗代理官員壓制的暴動場面，十分值得一看。

話說回來，由此可知卡巴拉的奇蹟與語言的魔力相互依存著。寫在人偶額頭上的神姓名，還有易位構詞的神祕儀式都會展現出強大效果。話雖如此，若將技巧咒術視為另一種務實派別的話，原本在希伯來語中只代表「傳統」之意的卡巴拉，便屬於一種純理論的形上學體系，試圖剖釋出現在《舊約聖經》中隱藏象徵的一個祕教。

有關這段歷史的起源，眾說紛紜，傳聞是亞當得到天使拉結爾賜予的卡巴拉原典，後來傳到以色列所羅門王手中，所羅門王便靠著卡巴拉原典掌握了地上與地獄。另外還有此一說，其實亞伯拉罕（Abraham）才是前文中《創世之書》的作者。但是無論如何，在公元前追溯卡巴拉的起源只是徒然，一切都會覆蓋在神祕雲霧之中，所以認定卡巴拉二大原典之一的《創世之書》，是在八世紀出自律法博士阿基瓦（Rabbi Akiva）之手，另一本《光輝之書》[2]是在十三世紀末，由西班牙的某位高僧所著作，似乎比較妥當。尤其後者在中世紀文藝復興時期廣為普及，對於皮科・德拉・米蘭多拉（Giovanni Pico dei conti della Mirandola e della Concordia）、羅伊希林（Johannes Reuchlin）、阿格里帕、吉拉姆・波斯特（Guillanme Postel）以及羅伯特・弗拉德這些大魔法家，都造成了極大的影響。

在一般的基督教義中，人類無法得知天地創造的意義，只能不斷贖罪才能獲得救贖；但是依據卡巴拉的異端教義，人類可以靠知識（sophia）探索宇宙奧祕，與神一同進行小規模的創造，這點正是正統基督教與卡巴拉異教的決定性差異。在古代末期榮極一時的亞歷山卓的諾斯底主義（Gnosticism），同樣不認為亞當有罪，而是相信知識可據以實現（例如煉金術），這種觀念便與卡巴拉主義十分接近。總之人類會奪走萬能神的祕密，統治一個小宇宙（Microcosmos），這在一般老實的基督教徒眼中，實在是無法無天且自負不凡，當然會將這些人看作是難以渡化的惡魔。

在這種情形下，卡巴拉主義十分重視知識，認為知識就是力量。有一幅圖畫是用代表神聖知識的蛇（Ouroboros）取代基督，掛在十字架上，這充分說明了這段期間的一切現象。初期基督教異教中，甚至存在所謂的拜蛇教徒（奧菲特教派），這一派的教義，將神看作是善妒無知的傲慢存在。神不僅創造了不完美的世界，還派遣夏娃這個女人害人類墮落，不過身為知識化身的蛇，會教導人類採食智慧之樹的果實。諷刺的是，背叛神的女人居然成為男人的共犯。神禁止人類採食智慧之果，打算使人類永遠處於無知的狀態，但人類卻在蛇的幫助下，得到了知識，開始能夠對抗邪惡的神，奮戰不懈——這就是拜蛇教主張的教義，這類信仰會在後起的卡巴拉主義內部持續造成影響，其來龍去脈誠如前文所述。

從上述各點，也足以說明煉金師為何極為重視女性。女性屬於煽動者，為男性的共犯，是自然的象徵。基督教則無視女性的角色，視其為危害自然的存在排除在外，雙方呈現明顯對比。尼古拉·弗拉梅爾在著名的《沉默之書》中便提到，煉金師在進行實驗之前，必須與妻子一同跪在灶前祈禱。靈魂與精神的結合，即所謂男性要素與女性要素統合為一體是最重要的事。包含拜蛇教徒在內，對於這些崇拜女性的異端，初期基督教做了猛烈鬥爭，事情經過可從當時頑強的使徒保羅著作的《哥林多前書》[3]中略知一二。在這本書中，可以看到許多「女子在教會內應保持緘默」這種藐視女性的露骨思想。

話說回來，與基督教背道而馳的卡巴拉主義裡，男女二元論則帶有重要意義。原本卡巴拉的教義基礎，就是名為「生命樹」的數字哲學，認為世界是由數字發展而來，仿照全能之神被創造出來的人類亞當，就是呈現人類造型的四字神名（Tetragram）。所謂的四字神名，是用希伯來語表示唯一神耶和華的四個字母，所以天國的亞當無非是肉體化的神。卡巴拉中特有的亞當崇拜與性魔法（Magia Sexualis），正是源自於此。接下來引用艾利馮斯．李維的主張來一探究竟。

「亞當是呈現人類外型的神，在希伯來文『Jod』當中，代表男性陰莖的形象。在『Jod』一字之後，加上『Eve』三字的話，就會出現耶和華的名字。而從前的大司祭在稱呼耶和華一名時，便曾念作『Jodcheva』。就像這樣，富含意義的三字與一字完全結合之後，就會形成所有數字、所有運動與所有形態最關鍵的四字。創造的要素為理想的男性陰莖。被創造的要素為實際存在的女性陰部。垂直的男性陰莖與水平的女性陰部相交後，會產生充滿哲學的奇妙十字形。」

——《高等魔法的教義》

由此可知，卡巴拉的教義應是由數字發展而來。充滿哲學的十字形，即意味著代表四的四字神名，所謂的性魔法，則是助長這些數字發展的動因。

十九世紀美國魔法師帕紹．貝弗利．蘭多夫博士（Paschal Beverly Randolph）著有一本《性魔法》[4]，書中描述的內容，其實算是與性交相關的技巧咒術，與形而上學說扯不上什麼關係。書中出現了一些相當有趣的性交體位插圖，如有機會很想介紹給大家。

不過在卡巴拉中提到的「性魔法」，更適合在宇宙歷史的發展階段作運用。只是想要理解這部分，必須先懂得黃道十二宮的符號。雖然這些隸屬於占星學的領域，但是與卡巴拉的宇宙論息息相關，因此會在這裡簡單說明一下。次頁所示的宇宙發展示意圖中，將標記出十二宮以及七大行星的符號（參閱圖5）。

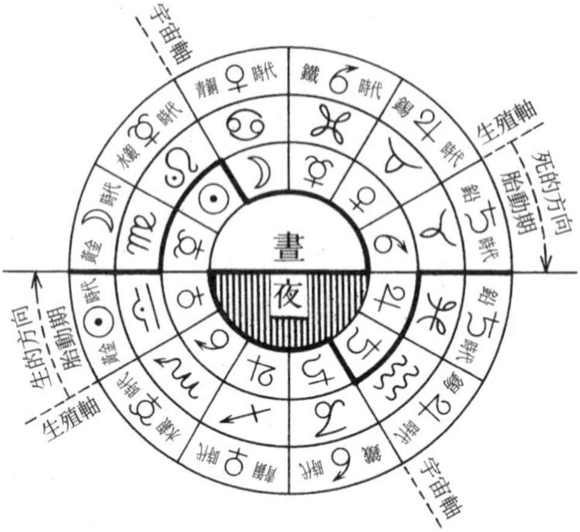

圖5　十二宮圖

星球		星座			
☉	太陽	♌	獅子宮		
☽	月亮			♋	巨蟹宮
♄	土星	♑	魔羯宮	♒	水瓶宮
♃	木星	♐	人馬宮	♓	雙魚宮
♂	火星	♏	天蠍宮	♈	白羊宮
♀	金星	♎	天秤宮	♉	金牛宮
☿	水星	♍	處女宮	♊	雙子宮

圖6　行星與十二宮的符號

為大家說明一下如何解讀這張圖。首先以天秤宮的生殖軸為起點，順著生的方向，也就是順時針方向前進即可。

起先是宇宙的胎動期，屬於太陽的黃金時代。太陽一面形成旋渦狀星雲一面旋轉，逐漸凝聚之後，不久便產生為數眾多的行星。地球最初也存在太陽之中，久而久之分離之後，才位居火星與太陽之間的位置。金星、水星在當時則尚未出現。

其次是處女宮的時代。這段也是黃金時代，不過月亮的影響甚鉅，此時地球仍像太陽一樣閃閃發光。對地球而言，這個時代是最初的白晝。

接著是獅子宮的水銀時代。地球光輝逐漸衰退，發出暗淡光芒如同青白的水銀一樣。

不久後地球漸漸冷卻下來，來到青銅與鐵時代，身為地球之子的月亮誕生。雙子宮的符號，表示地球與月亮已經分離了。

錫與鉛的時代，是金屬旺盛燃燒後汽化及液化的過程。接下來地球會接近黑夜與死亡時代。正如同太陽推動地球的誕生一樣，此時土星在準備地球的死亡，不過這時的死亡絕非滅亡，而是會發展為新生的假死。

進入夜的時代之後，地球踏上與白晝時代完全相反的過程，慢慢從液體變成固體，完成漸進的變化。雙魚宮的符號是豪雨的象徵，水瓶宮的符號代表地表全部被海覆蓋，空氣與水已經分離開來。「浸濕的太陽，擾亂的天空」＊這句波特萊爾的詩句，不就是在形容這個時代的風景嗎？

再來是魔羯宮的時代，此時是大地震與大洪水的暴發期。這段期間，大陸首次浮出海面，露出它荒蕪的模樣。這個時代的符號用鐵及火來表現肯定並非偶然。

接著是青銅時代，屬於金星維納斯的時代，藉由水和土和空氣的聯姻，在這個時代終於誕生出動植物的細胞。自不待言，生命仍在海中，生殖之神維納斯．烏拉尼亞還躲在貝殼裡。人馬宮的符號是箭，這枝箭象徵精靈的生殖行為，而破壞力同時也是一種創造力。

後續是天蠍宮的水銀時代，天蠍宮的符號是身有劇毒的可怕節肢動物，完全像是海中蟹類棲息在陸地上一樣。然而當空氣日漸清澈之後，生命也不願永遠被覆蓋在沉重的甲殼底下。

至此，再度回到天秤宮的黃金時代，太陽的時代來臨。天秤宮的符號是平衡的象徵。沉重的外殼，變成在內部取得平衡的骨骼，也就是說，脊椎動物誕生了，但是太陽的工作卻尚未完成，因為神之子人類並未出現。此時處於人類與哺乳動物的過渡時期，也許傳說中曾經十分猖獗的人魚、半人馬和半獸人等怪物。

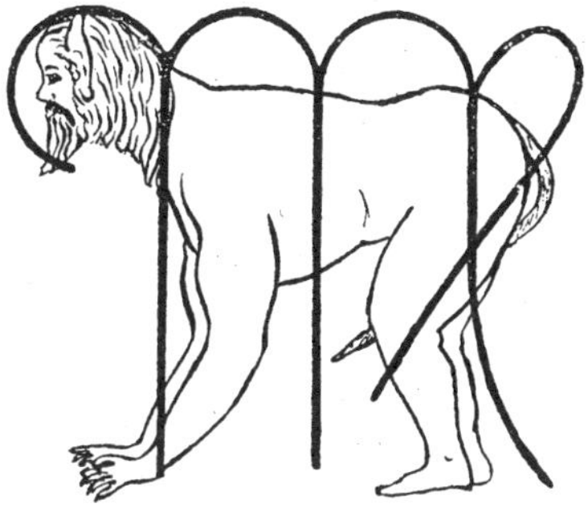

圖7　處女宮。無性別之分的人

就這樣，地球的創造到此告終，接下來終於到了人類的生殖，也就是「性魔法」發揮效果的時候。就和地球從太陽中誕生一樣，人類也同樣是在溫熱豐饒的地球子宮內孕育而成。

現在將剛剛走過一巡的圓圈，再次沿著生的方向走走看。

首先一開始是月亮的黃金時代，是處女宮的符號。當時人類之間並沒有性別之分，一直是透過處女生殖（單性生殖）進行繁殖。想必在雙腳之間，或許還夾著等同處女證明的尾巴，呈四足跪姿步行著。這是個不知快樂為何物、充滿倦怠，史前平和的時代（參閱圖7）。

＊波特萊爾〈遨遊〉一詩原文：「Aimer à loisir,Aimer et mourir」〈L'Invitation au Voyage〉。

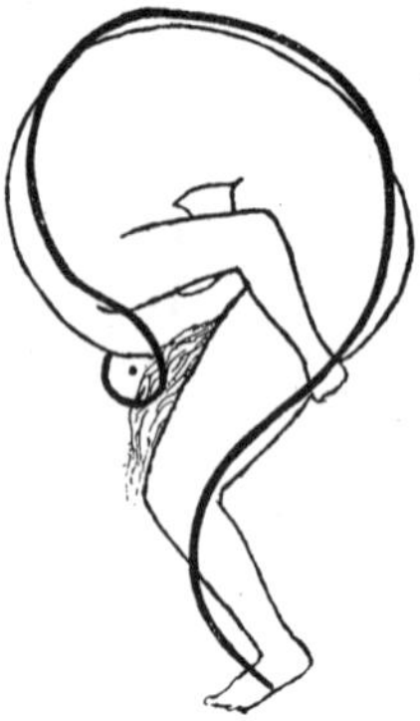

圖8　獅子宮。雌雄同體的人

可是來到獅子宮的時代之後，知識之神荷米斯（水星）賦予人類兩性之別，教導他們站立及行走。這位雌雄同體懂得彎曲依然柔軟的脊梁骨，將自己下半身的女性生殖器，接觸原先屬於男性生殖器的嘴巴，這會讓他們發現到快樂。此時正值水銀時代，人類沉迷於最初的快樂渾然忘我（參閱圖8）。

將人類嘴巴視為原始生殖器之一的觀念，無論在古印度的神話、摩西的《創世記》，以及在玫瑰十字會的著作裡，都是屢見不鮮。而且這種傳統的觀念，不久後在人類掙脫肉體束縛，無限接近神之國度時，脫口而出的語言效力，正好與一切創造根源的預想相呼應。總而言之，作為創造的器官殘存到最後一刻的，就是發出萬古不滅之詞的嘴巴。

我們都知道，人類胎兒歷經了動物進化的所有階段，最後才演變成人類嬰孩的姿勢，由此可以讓我們充分聯想到，胎兒出世前的姿態，正是水銀時代人類姿勢的遺跡。事實上，胎兒在子宮裡蜷曲的姿態，不就是水銀時代人類的翻版，試圖使嘴巴與生殖器盡可能靠近的快樂姿勢嗎？

前文有些離題，而接下來是人類的青銅時代，維納斯的時代。這位愛的女神，哀憐人類獨自人沉浸在孤獨快樂之中，因此設法將人與人聯結在一起。換言之，就是用男性器官的嘴巴，接觸對方下半身的女性器官，現代人稱之為69。因為這種意想不到的方法，人類又再次近似瘋狂地相互愛撫。人類彼此之間產生了情愛與感謝的念頭，正如巨蟹宮的符號所示，此時首次誕生了因交媾而結合的一對（參閱圖9）。

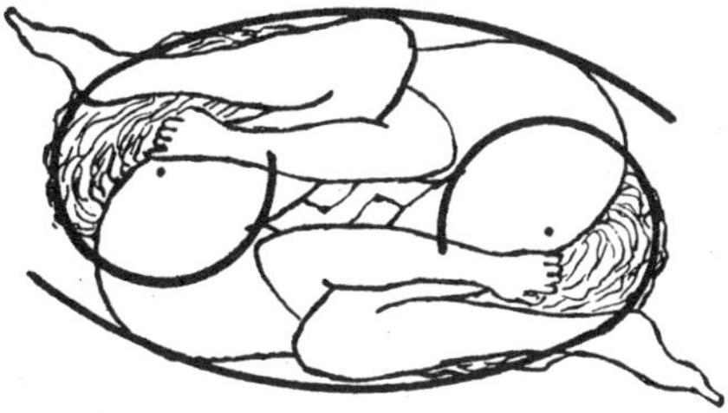

圖9　巨蟹宮。二個雌雄同體的人

但在戰神瑪爾斯的鐵時代之後，情況為之一變。這位粗暴的戰鬥之神，並不樂見人類彼此之間樂於心靈滿足、溫馨諧調的感覺。因此他將兩性分離，創造出男性與女性，如同雙子宮的符號所示，他們企圖藉由肉體與精神合而為一。（參閱圖10）

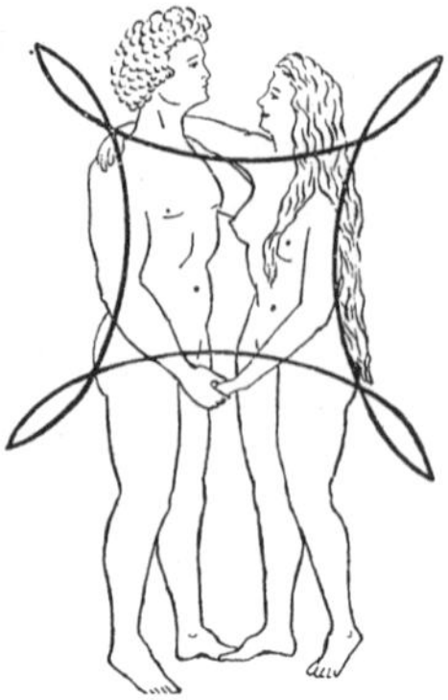

圖10　雙子宮。男人與女人

這種時候，假設人間只有亞當與夏娃二人存在，或許二人的結合會進行順利。但是男女數量並不平等，大家喜好不同，因此不和的種子源源不絕。這個時代正好受到水銀（mercure）的影響，所以亞當才會吃下知曉善惡的智慧之果而遭受驅逐。我們現在生存的時代，其實就是這個鐵時代的延續。那是個充滿戰爭、嫉妒、占有欲及反目成仇的時代。

然而，金牛宮在木星支配下的錫時代隨即來臨。此後的展望，將帶有些許舊式烏托邦情結的旨趣。

戰爭狂熱慢慢冷卻下來，情緒不再緊繃，人類的知性日漸成熟，長久遺忘的詩歌重現生機，性方面的享樂變得更為靈活。沒有善惡之分，人人都希望到達道德的彼岸。

金牛宮的符號意味著二元論的總合，所以在雙子宮時代區分開來的男女性別，在這個時代被統一成唯

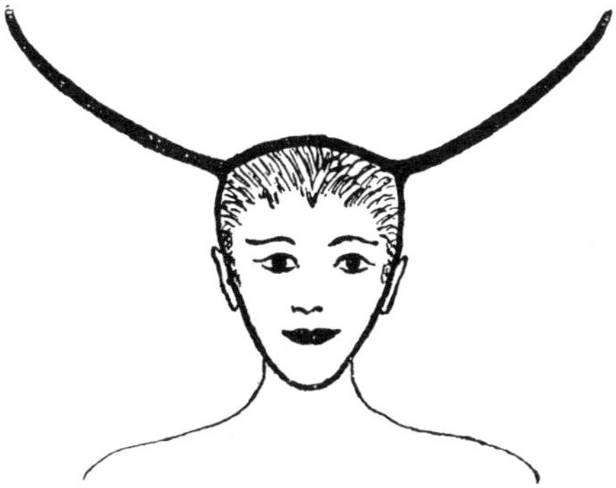

圖11　金牛宮。性的統一

一的性別，完全印證了辯證法（參閱圖11）。

金牛宮的角，就是朝向天空張開的天線。誠如前文所述一般，這證明人類嘴巴會成為唯一的生殖器官，言語行為變成唯一的生殖活動，而天線就是掌握語言的觸角。於是人類再次變成雌雄同體，只是這次舌頭與嘴唇一手包辦男女兩性，所以完全不需要像水銀時代一樣，做出不像樣的姿態。相當於陰莖的舌頭，用來作為男性器官，等同於陰道的嘴唇與咽喉，被當作女性器官。雖說仍保有肉欲，卻已經提高層次，變成極為統一的自我愛護。

最後是白羊宮時代。在這個時代裡，欲望完全超越物質的支配，達到精神層面的高度睿智。堪稱唯一創造器官的嘴巴，如願實現語言的奇蹟。農業之神薩圖恩努斯（Saturnus）因此讓樂於太平無事的人類達到最後的躍進，將傾心於物質生活的精神，慢慢誘導加以解放。精神擺脫了物質的僵化作用之後，漸漸近似

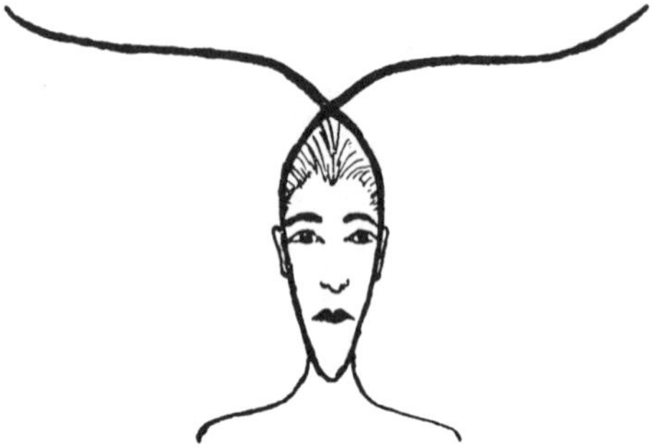

圖12　白羊宮。性的精神化

天使一般，不過肉體並沒有消失，只是已經不必再受肉體所累，身體長出了羽翼，讓靈魂容易展翅高飛。而白羊宮的角就是羽翼的象徵（參閱圖12）。

於是人類在最後階段飛離地面，準備移往更優異的行星（也許是金星或水星）。在這個新行星上頭，當然會再重複新的經驗與新的輪迴。宇宙恆久不變。

但是換句話說，這個地球最後的白羊宮時代，其實是人類最後的審判、人類的滅絕之日，所以可說地獄與天國就在這裡恭候大家。所幸雀屏中選的人類，還能飛往其他行星，而除此以外的迷途靈魂，必須再一次待在地球上，或是在其他更低一等的行星上，慢慢歷經悲慘的進化過程。總而言之，所謂的天國算是與地球相較之下更高水平（靠近太陽）的行星，地獄則是水平較低（遠離太陽）的行星。

概略如上所述，顯見卡巴拉的宇宙論和人類論著實宏偉優美。

即便如此，究竟人類來自何方又將去往何處呢？若以卡巴拉宇宙論的暗示來看，人類多半必須在太陽系中一個又一個行星上，不斷歷經悠悠歷史。

而且恐怕要從最外側的冥王星開始，照著海王星、天王星、土星、木星至火星的順序步上進化的過程，最終到現在才抵達地球，接近中心的位置。

也許事實並非如此，說不定過去人類也曾在冥王星的外側居住過，而那個被人遺忘的天體，如今正悄悄地描繪著橢圓形的軌道。

接下來將會提到人類的輪迴，或許一開始源自於礦物，然後歷經植物以及動物的無數階段，現在終於到達人類的境界。

不對，照這樣看來，還有比礦物更低等的無機物階段，或是比人類更高等的有機物階段，這些可能都切實交織在永恆復始的宇宙歷史之中。

例如在玫瑰十字會的哲學，以及印度神話中，也存在這類的說法，讓我們這些處於二十世紀已經厭倦合理思考的人類大腦，能獲得如絲綢般宜人的撫慰。

近來不值錢的科幻小說風行一時，假如人類飛向其他天體的想法，當中也具有超越科學性、理性主義幻想的發展規則，以更深度的人類史及哲學性假想為佐證的話，想必會成為更有意思的文學作品，大家的看法如何呢？

如果讓科幻作家摹仿愛倫．坡（Edgar Allan Poe），並規定每一位作者都要寫出自己的宇宙論，肯定會十分有趣。介紹完老派的卡巴拉宇宙論後，順便畫蛇添足地加上了這些感想。

書目註記

1. Sefer Yetzirah.
2. Zohar.
3. Corinthians, Saul.
4. Magia sexualis: sexual practices for magical power, Paschal Beverly Randolph, 19th C.

第 三 部

玫瑰十字的象徵

圖13　玫瑰十字會的寓意圖

十六世紀中葉，有一位名叫帕拉塞爾蘇斯*的古怪醫生，他在歐洲各國四處流浪，同時創作了不少醫學、煉金術及占星學的著作。這個人不但個性傲慢且易怒，還是個酒鬼，所以醜聞不斷，大家都在背後罵他是同性戀、大騙徒和吹牛大王，但是他卻和伊拉斯謨（Desiderius Erasmus Roterodamus）這等當代的偉大學者有書信往來，十分親近，而且在魔法及哲學相關的學識無人可及，近代的許多方士，都尊他為偉大的先導。這位帕拉塞爾蘇斯的著作當中，有一本書名為《二十四年後的預測》[1]的小冊子，內有奇妙插畫。這本書的體裁類似當時盛行的「曆書」，不過曆書充其量是未來一年的預測，然而他這本書卻是預測到二十四年後的遙遠未來。

舉例來說，有張插圖描繪了一名教士被推入湖水中，長槍從他四周襲來，於是他哀求著請人救救他，而在插圖旁邊則寫有下述文字說明：「擅作主張的下場，將會有如此淒慘的運命在恭侯大駕……」

---

* 帕拉塞爾蘇斯（Paracelsus，一四九三－一五四一），出生時名為德奧弗拉斯特・馮・霍恩海姆，全名菲利普斯・奧里歐勒斯・德奧弗拉斯特・博姆巴斯茨・馮・霍恩海姆，是中世紀德國文藝復興時的瑞士醫生、煉金術士和占星師。

這本冊子是在一五三六年，於德國的奧格斯堡出版上市，而二十四年後，即一五六〇年，也就是宗教改革已經遍及全歐洲，天主教教士墮落的模樣頗受攻訐的時候。如此想來，帕拉塞爾蘇斯令人難以理解的寓意畫，不由得看似意味深長，令人感到不可思議。

不僅如此，還有許許多多難以想像的插圖。

例如某張插圖上畫有二個石臼，有條口含鞭子的蛇攀在其中一個石臼上，蛇的旁邊，則有一隻手握著劍，突然從雲中伸了出來。依據艾利馮斯．李維的解釋，這張插圖在表達國家的二大勢力。二個石臼當中，有蛇攀爬的一方是民眾的勢力，另一方則是貴族的勢力，而握劍的手，據說就是在引導民眾力量，讓蛇去翻倒石臼。

不用多說，這張插圖應是在暗示法國大革命，但是這樣根本無法解釋二十四年後的年代預測，畢竟巴士底監獄一七八九年才被攻占，時間差距甚遠。不過可以試著將二十四這個數字乘以十倍，亦即初版發行的一五三六年，加上二百四十年，會得到一七七六年這個數字，相當接近引發大革命的時間點。如果再將這個二百四十年，加上再版發行的一五四九年，總和會是一七八九年，與引發大革命的時間點完全一致。

當然，這類解謎遊戲就像著名預言家諾斯特拉達穆斯的《百詩集》[2]一樣，一定會產生許多解釋的空間。不過無論如何，帕拉塞爾蘇斯的預言對於羅馬教會與貴族政體而言，毫無疑問意味

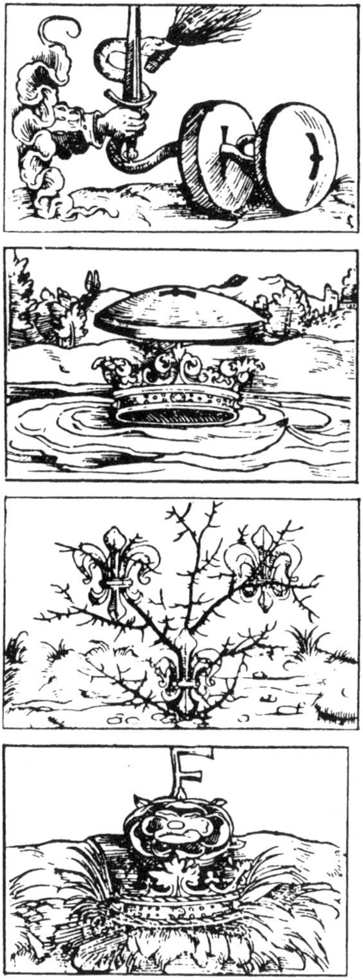

圖14　引用自帕拉塞爾蘇斯的《預測之書》

著某些革命即將發生。巨大石臼壓碎王冠的圖畫，還有法國皇室的百合花徽章掛在枯木上的插圖，可說無不在寓意著民眾的蜂起與皇家的沒落。

不過最值得關注的，其實是王冠上畫有玫瑰花，上方還有大寫F的插圖。F一字應該意味著「Fraternitas」（友愛、同志愛）。而且想必這張寓意圖，大概是在暗示十七世紀初頭首次公開不諱，在整個歐洲造就恐慌話題的祕密革命組織，也就是大家口中的玫瑰十字會。所以這個以改革全世界及革新人類世界為目的，志同道合的神祕團體，即便曾夢想立於皇權之上，也不無道理（參閱圖15）。

從帕拉塞爾蘇斯謎團重重的寓意畫，會衍生出如此臆測實屬正常，在眾多學者中，甚至有人認為帕拉塞爾蘇斯是玫瑰十字會的始祖之一。

事實上，玫瑰十字會的起源極為曖昧不明。在中世紀這段期間，許多煉金師以及卡巴拉學者，必須在各地遊歷進行知識交流，組成一種類似公會的組織，擺脫嚴苛的異端追查還有焚刑這類鎮壓。就如同不可告人的地下組織，其中技術、學問與宗教思想及政治理念的關係皆密不可分。在這種情形下，許許多多的異端祕密組織，諸如否定、現世主張禁欲的「卡特里派」（Catharism）、崇拜古怪雙性神巴風特*的「聖殿騎士團」（Ordre du Temple）。另外在進入十六世紀之後，還有由魔法師阿格里帕創立的「黃金十字會」、煉金師斯特恩在紐倫堡組成的「福音十字會」等，陸續在歐洲各地誕生。此外創建於德國的玫瑰十字會也是其中之一，或許可視為是福音十字會體系的延續。

但是在傳說中被視為玫瑰十字會創立者的人物，是德國貴族克里斯蒂安．洛森庫魯斯（Christian Rosencreutz），關於這號神祕人士的生平，在十七世紀名叫瓦倫奇努斯．安德雷亞斯（Johannes Valentinus Andreae）的學者書中便有詳細記載。書中寫道，洛森庫魯斯生於一三七八年，死於一四八四年，活了超過一百歲，實在是位神奇的人物。據說洛森庫魯斯的墳墓在一六〇四年被人發現，但是埋在地下手持羊皮紙聖經的屍體卻沒有腐敗，且傳聞在「長明燈」的光線照射下呈現一片蒼白，完整留存著。不僅如此，墳墓入口還用拉丁文刻著「一百二十年後，吾將現身於世」這些文字。

洛森庫魯斯年輕時走訪土耳其及阿拉伯，習得所有起源自東方的祕術，晚年才回到故鄉德國，只是他當時認為推動世界改革的時機尚未成熟，於是自己建造了修道院隱居於此，日日鑽研

＊巴風特（Baphomet），有名的基督宗教惡魔之一，羊頭惡魔，也是撒旦的代名詞。他最早被記錄於十二世紀晚期一首與穆罕默德有關的普羅旺斯語詩篇中，在十四世紀初又作為異教偶像的稱呼出現在異端裁判所對聖殿騎士的審訊筆錄中。

學問。傳聞他持有「哲人石」，別名「賢者之石」、「點金石」或稱作「第五元素」，是能將所有物質化為黃金的石頭。起初他旗下只有三名弟子，彼此精誠團結，不久後弟子人數增加到八人，才訂立下述規則：

一、吾等主要工作為無償醫治病人。

二、吾等不穿特別服裝。

三、吾等每年於「精靈之家」聚會。

四、同志各自挑選繼任者。

五、洛森庫魯斯的開頭字母R、C為吾等之徽章標記。

六、會中同志在未來百年內，不可公開本會存在。

於是玫瑰十字會的活動一直充滿神祕感，在傳說中繪聲繪影，藉由中世紀文藝復興時期，祕密地遍及全歐洲。承前所述，最後他們才在十七世紀初公開玫瑰十字會的名號，夜晚在巴黎街道上偷偷張貼署名「玫瑰十字同志會」的傳單。政府官員冒然認定這必定是鄰國德國間諜的陰謀，於是加以警戒，但最終還是無法逮捕任何一名玫瑰十字會員。

圖15　玫瑰十字會的徽章

圖16　路德的印章

當時玫瑰十字會蔚為話題，那位荷蘭大哲學家笛卡兒（René Descartes）就是最好的例子，他對玫瑰十字會的活動備感興趣，曾透過友人介紹，提出想要加入該會的想法。可是不管笛卡兒再渴望，終究還是找不到玫瑰十字會作為據點的「精靈之家」。

然而一般民眾相信這些玫瑰十字會員就像魔法師或騙徒，因此十分害怕。有人說曾從玫瑰十字會員這些人手中得到金幣，後來仔細一看竟莫明奇妙變成了銅幣，還口耳相傳玫瑰十字會員都會戴著耀眼醒目的藍寶石戒指，甚至有船員堅稱自己確實在英國的海岸邊，看見玫瑰十字會員騎著惡魔騰空飛去。

另外還有這樣的傳聞。某個醫師在一六一五年旅行途中，與一身儉樸打扮貌似修道士的男子同道而行，後來一起留宿旅店。這名男子別著玫瑰十字的徽章，不但能說古文，外文也能應對如流，十分博學多聞。他無償行醫，吃著長在樹木上的青苔也神情自若，更具有預言的能力。據說他已高齡九十二歲，是洛森庫魯斯的第三弟子，他不會在同一地點留宿超過兩晚，之後便像風一樣杳然無蹤。

洛森庫魯斯在德語中意指「玫瑰十字」，所以組織名稱即取自創立者的名字。不過是否真有此名的貴族，令人充滿懷疑，因此問題的核心應是好好了解玫瑰十字象徵何種意義。除了前文提到帕拉塞爾蘇斯的預測書之外，像是尼古拉．弗拉梅爾的煉金術著作，以及法國古籍《玫瑰傳奇》[3]，或是馬丁．路德（Martin Luther）的印章中，都經常使用這個玫瑰十字的象徵。簡單來說，玫瑰十字就是東方神祕知識（玫瑰）與基督教（十字）的結合。玫瑰原是印度及波斯的花，與中世紀歐洲的精神世界毫無關聯，算是亞歷山卓文化的象徵。所以這兩個要素的結合，堪稱基督教神祕主義，稀奇文化的混血兒。

另一方面，具有五片花瓣的玫瑰，也代表著煉金術以數字五為基礎的原理。偶數為二，奇數為三，統一後為五，這項原則與男女結合異曲同工。玫瑰十字會最偉大的發言人約翰．瓦倫丁．安德烈所著，以洛森庫魯斯為主角的傳記小說《歡樂的婚禮》[4]這類中，便描述到有關國王（硫黃）與女王（水銀）愉悅歡合的奇特軼事。這段故事同樣適用煉金術的原理，後來獲共濟會（Freemasonry）採用直角尺與圓規的象徵，以及正中央寫有G（意味生殖）一字的五角星（pentagram）的象徵，其實都是以數字五為基礎。

像這樣在探索煉金術時，要將最初的人世愛欲與肉欲視為重要契機之一，才能一探神祕的奧義。其實這就是玫瑰花以數字五為基礎的象徵。大家不妨回想一下，哲人石其實也稱作「第五元素」。或許正是在備受禁欲和煩惱折磨的中世紀，這個受虐狂風行的時代裡，能夠自鳴得意公開希臘式的肉體讚美與宣揚個人精神的人，肯定只有被稱作煉金師的這群少數份子。此外，假如玫瑰十字會具有革命性格的話，從這裡便能解釋一切。

赫赫有名的法國鬼神論者加布里埃爾．諾迪，便曾在《解析玫瑰十字會的真相》[5]這本書中如此說道，「他們自稱得以粉碎羅馬教宗的寶座，聲明教宗反基督，同時譴責攻擊東方權威（穆罕默德）與西方權威（教宗）」。總之按照現在的說法，就是他們並不認同美國的民主主義，卻也不承認蘇維埃的社會主義，所以算是純粹極左派托洛斯基主義（Trotskyism）的組織。

約莫在八世紀或九世紀，疑似由一群建築業者所組成的同業公會「共濟會」，也是因為隸屬於玫瑰十字會的英國人大量加入的緣故，才在十七世紀再次重振雄風。例如天文學家威廉．李利（William Lilly），還有煉金師伊萊亞斯．阿什莫爾（Elias Ashmole）等，還有眾多玫瑰十字會學者也在一六四五年大舉加入了同濟會，並在會中擔負重責大任。因為當時的執政單位嚴格控管，所以他們必須打出建築同業公會的招牌，才能進行集會及儀式。同濟會的神祕色彩，自建造所羅門聖殿的建築師希拉姆（Hiram）以來，的確千古流傳連綿不斷，但是會發展成進一步的理論思想，全靠玫瑰十字會的同志。

玫瑰十字會的思想，與其說充滿政治色彩，更不如說是一種單純的魔法概念。他們相信透過知識與行動，全人類就能生活在近似兄友弟恭的世界裡。不管是魔法或是煉金術，都是為了逐步實現這種絕對協調的力量和手段。

這個源自帕拉塞爾蘇斯，並在德國巴洛克時代開花結果，充滿神祕的玫瑰十字傳統，對十九字世紀德國浪漫主義幻想小說，帶來極大的影響。譬如諾瓦利斯、克萊斯特及霍夫曼這些撰寫魔幻及奇幻小說的作家，相信讀者都瞭若指掌。

此外，黑格爾在《法哲學原理》[6]的序言中，將理性稱作「存在現在十字架中的玫瑰」，證明黑格爾哲學的辯證法與魔法有著密切關聯。

說到十七世紀，一般會視為理性萬能的古典主義時代，事實上當時卻是玫瑰十字的傳說在百姓間口耳相傳，想來實在諷刺。甚至在德國新教與舊教敵對交戰的三十年間，奇聞傳說也是遍布街頭巷尾。這些都是關於「隱密哲學家」的傳聞，其實這些人就是在各國流浪身懷祕技的煉金師，這些人也和玫瑰十字會有間接關係，接著為大家舉幾個範例。

一六六六年十二月二十七日早晨，有位名叫愛爾維修（Helvétius）的知名醫師家中，突然出現一名陌生的外國訪客。這個人外表看似忠厚老實，實則傲慢無禮，穿著修道士風格的簡陋斗。

他問愛爾維修是否相信哲人石一說，醫師回答不相信，接著這名男子便從容不迫地打開小小的象牙盒子，拿出裡頭三顆類似蛋白石的東西給愛爾維修瞧，還得意洋洋地表示：「這就是那顆著名的石頭，單單這些分量就能製造出二十噸的黃金。」

愛爾維修醫師半信半疑，問男子能不能分些石頭給他，結果傲慢的訪客堅定地回絕：「我絕對不會分給你，即便你把財產全數歸我，我也不可能答應……」

就在愛爾維修面露狐疑之色時，男子將黃色物質啪地一聲分成二半，一塊遞給愛爾維修，「這些就夠你用了，我會再來的。」說完後便轉身離去。

男子第二次現身時，愛爾維修手上類似蛋白石的東西，成功將鉛變成了玻璃。「早知道就先包上黃色的蠟了，這樣就不會變成玻璃，而是貨真價實的黃金了。」男子一臉遺憾地說道。接著又說，明早九時一定會展現奇蹟，只是等他轉身離去後，便再也不見人影了。

不過愛爾維修獨自遵照外國人教他的實驗方式，終於煉成了黃金。他將黃色物質用黃色的蠟包起來，扔進三德拉克馬*融化的鉛液中，結果瞬間變成了黃金。

愛爾維修拿著這些黃金來到打金鋪做鑑定，據說真的是如假包換的黃金，商人還以一盎司五十弗羅林（Florin）的行情買了下來。

哲學家史賓諾沙（Baruch de Spinoza）聽說這個消息後，不辭辛勞專程前往打金鋪確認詳情。這名商人是個名叫布雷希特爾的男子，身為奧蘭治親王御用的優秀打金師，沒道理會說謊，而且還有很多人作證。於是哲學者接著來到愛爾維修府上，要求參觀實驗時使用的熔鍋，結果容器內部還巴著黃金殘渣閃閃發光。據說就連史賓諾莎也只能驚嘆，不得不相信煉金術確實存在。這就是「隱密哲學家」的第一則故事，接下來為大家介紹第二則故事。

有個名叫亞歷山大．塞頓（Alexander Seton）的蘇格蘭人，他是遠近知名的煉金術師，有一天，他從蘇黎世乘船前往巴塞爾旅行時，遇到了名叫沃爾夫岡．迪恩海姆（Wolfgang Dienheim）的同行乘客，後者還擁有佛萊堡大學教授的頭銜。

不過這名教授在船隻抵達目的地之前，卻喋喋不休地抨擊煉金術。當船隻終於到達巴塞爾後，塞頓便邀請教授：「證據能說明一切，那邊的先生，請你也和我們一道同行吧！」受到邀請的第三名男子是巴塞爾大學的醫學教授，名叫茲溫格（Jakob Zwinger），是《德國醫學史》一書的作者。

三人一同前往鄰近的金箔師店鋪。半路上，在貴金屬店借了熔鍋，買了硫黃和鉛。到了金箔師的店鋪之後，馬上點燃爐火，用熔鍋將鉛和硫黃加熱。才過了十五分鐘，塞頓便說：「請將這個紙團扔進熔液裡，記得要好好扔在正中央的位置，否則著火的話會很危險。」

＊ 德拉克馬（deachma），古希臘和現代希臘的貨幣單位。

後來依據迪恩海姆的證詞，紙團中的確包著少量粉末。

總之，再經過十五分鐘之後，鉛和硫黃被加熱到沸騰，不久後爐火熄滅時，熔液便全部都變成純金了。「如何？」塞頓笑著說：「證據能說明一切就是這麼一回事吧……？」

不過這位名叫塞頓的煉金師，命運卻十分悲慘，他為了薩克森選侯克里斯蒂安二世被關進大牢*，遭受嚴刑拷打，被人用鐵棍刺身、用烙鐵燙身，不過他到最後還是沒有洩露祕法，終究執行拷問的人也拿他沒轍，然後在同為煉金師的波蘭人申迪沃斯（Michael Sendivogius）幫助下離開牢獄，沒多久就去世了。

據說他在臨終時，將比生命更重要的「哲人石」，交給了救命恩人申迪沃斯。

---

* 克里斯蒂安二世（Christian II.）聽說了塞頓煉金的成就，邀請他到自己的宮廷，但其不願意離開自己的妻子到他鄉，便找朋友威廉．漢密爾頓（William Hamilton）代替他過去。威廉進行了一場成功的煉金實驗後，加深了二世直接接觸塞頓對談的渴望，並命令其入宮。雖然塞頓在宮廷收到熱情款待，但他很快地發現二世只想利用他了解煉金術的祕密。而對煉金術頗有使命感的他便斷然拒絕滿足二世更多的貪婪，最後慘遭囚禁與酷刑對待。

書目註記

1. Prognosticatio ad vigesimum quartum vs annum duratura, Paracelsus, 1538.
2. Les Propheties, Nostradamus, 16th C.
3. Le Roman de la Rose, Guillaume de Lorris 1230—1235, Jean Clopinel 1275—1280.
4. The Chymical Wedding of Christian Rosenkreutz, Johann Valentin Andreae, 1459.
5. Instruction à la France sur la vérité de l'histoire des Frères de la Roze—Croix, Naudé Gabriel, 1623.
6. Grundlinien der Philosophie des Rechts, Georg Wilhelm Friedrich Hegel, 1975.

第四部

夜行妖鬼篇

圖 17　約翰・維耶爾（Johann Weyer）的肖像

自古流傳下來充滿自然哲學色彩的高等魔法（high magic），在阿格里與帕拉塞爾蘇斯的努力下建構出卓越的體系，依據高等魔法的原理顯示，在這個宇宙存在所謂的四大精靈，有地精靈諾姆（Gnome）、水精靈溫蒂妮（Undine）、風精靈西爾芙（Sylph）以及火精靈沙羅曼達（Salamander）。除了這些血統純正的精靈種族之外，在低俗魔法（low magic）的世界裡，還存在著令人毛骨悚然、陰鬱不祥，地位無法搬到檯面上來說的精靈，即所謂四處橫行的惡靈（larva）這類種族。

惡靈一詞在生物學上原本意指「幼蟲」，在魔法領域使用時，意味著從靈體組織中流溢而出、不屬於任何地方，尚未存在前便存在，代表萌芽的徵兆。例如罪人被處刑後，當不潔之血或精液流入土裡，惡靈便會在此生成。另外還有一種說法，像是處女或已婚女子的汙血，還有男性自慰或睡覺時噴出的精液，會像陰森的蒸氣一樣冒煙，變成惡靈。

總之，受詛咒下地獄的靈魂，還有受詛咒被浪擲的生命種子等，直到生物體滅亡後，依舊試圖苟延殘喘，這些怨念與執著，最終會如同詭影化為惡靈，擾亂人世。

所以惡靈會傾向於聚集在重病患者、胡思亂想者、矜寡孤獨者以及抑鬱寡歡者的四周。在沙漠修行禁欲的教士聖安東尼（St. Anthony the Great）所看見的幻影，歸根究柢或許也算是惡靈所為。有違常理的夢想、受挫的意志、無法滿足的欲望及怨恨，這些都是惡靈的絕佳溫床。雖然同樣來自靈界，但是溫蒂妮以及西爾芙都有具體的形態，帶給人清晰且爽朗的感覺，反觀惡靈這方卻完全可用陰鬱、幽暗、死氣沉沉、下流、卑賤、淫靡、爛糊、軟弱無力、苦悶……等形容詞來說明。朱爾．波瓦曾說過，惡靈就是「永遠長不大的胎兒在長嘆一般」，形容的實在貼切。

除了聖安東尼之外，中世紀的禁欲教士以及修女，都曾在禮拜堂或是孤獨的床上飽受惡靈所擾，並留下許多的真實故事。只是現在沒時間在此一一舉例，甚至連那位桀驁不遜的帕拉塞爾蘇斯，也經常在就寢時將長劍擺在手邊，以備惡靈來犯，所以說即便是方士也具有人類的弱點。書中便有記載：

「帕拉塞爾蘇斯經常在深夜裡被惡夢驚醒後，持劍起身，朝四周的黑暗亂砍。沒多久便筋疲力竭，大汗涔涔，回過神後，發現自己周圍全是被砍下頭的惡靈，還有癱軟的手足，充斥著令人作嘔的惡魔之血。」

——朱爾．波瓦《惡魔學與魔法》

其實和這些惡靈極為類似的靈體，還有魅魔（succubus）與夢魔（incubus）。根據知名的鬼神論者馬丁．德里奧（Martin Anton Delrio）、布丹（Jean Bodin）以及聖湯馬斯（Thomas Aquinas）等人所示，夢魔是男惡魔，會與女子性交；魅魔是女惡魔，會在睡眠期間挑動男子性欲，促使對方主動求歡。

圖 18　與惡靈奮戰的帕拉塞爾蘇斯

十五世紀科隆大主教雅各布·斯普倫格（Jacob Sprenger），是鬼神論中最早位居重要地位者，他多次表示曾看見女妖術師與惡魔在地上交疊，難看地擺動身軀，進行交歡。那時會散發出一股難以言喻的惡臭，但當女妖術師滿腔妒火的丈夫撲向惡魔，手持短刀朝空中猛砍，卻完全砍不到惡魔。

斯普倫格在教宗依諾增爵八世（Innocentius PP. VIII）委託下所著作的《女巫之槌》[1]，是有關如何識別女巫的法典，再版過數次，並在歐洲四處流傳。書中這樣寫道：

「女性的肉欲強過男性，這種情形自主神從亞當胸前取下一根彎曲的肋骨，藉此創造出女性祖先夏娃以來，一直都是如此。所以女性是不圓滿的動物，因此總是比男性容易被惡魔誘惑。」

總而言之，人類真的與惡魔擁有肉體之歡的推論，天主教這方面的人士，例如聖奧古斯丁（Aurelius Augustinus）、聖湯馬斯、聖文德（Bonaventura）或教宗依諾增爵八世，還有其他多位博士都能確切證實，研判在這樣的結合之下，會誕出下一代也不無可能。只不過此時與人類女子交歡的男夢魔，推測是偷取了男性夢遺來用，所以孩子生下來後，生父究竟是與母親同床共枕的夢魔，還是被偷取精液的男子，這個問題在神學上便值得深入討論。關於這一點，聖湯馬斯明確表示生父並非男夢魔，而是夢遺的男性，著實很有意思。曾經身為瑪麗·德·麥地奇（Maria de' Medici）告解神父的瓦拉迪爾（Valadier）則主張，

圖 19　女魅魔與男夢魔

「撒旦從沉睡中的男子身上借取使人懷孕的原料，接著藉由晚上作夢，便能將這些原料注入女子體內。這種作法實在機敏，無須破瓜，原料便能送入處女體內。處女根本毫不知情，卻已經在孕育這些原料。」

但是依照歷史學家錫尼斯特里（Ludovico Maria Sinistrari）的說法，他認為不管是女魅魔或是男夢魔，事實上都不是與神對抗的惡魔，而是眾所皆知的異教半獸神，譬如法翁（Faunnus）、潘（Pan）和薩堤爾（Satyrus）等等。原來他會在此提起早在中世紀企圖掩滅的偶像崇拜，為的是打算公開潛意識中的性議題，這種主意實在有趣。的確在中世紀盛行的妖術，其實都是在強烈暗示古代信仰一直存留在民眾心中的潛意識裡。

在惡魔崇拜與古代東方祕教尚未存在本質性差異的時代，教會並沒有將之視為危險。但是到了中世紀之後，可怕的撒旦與神對抗的性格明顯表露於外，當他要求將惡擴及人世之後，對於這些神學方面的嚴重問題，教會這邊可不會默不作聲。恰巧當時的黑死病逐一攻陷了歐洲都市，撒旦的統治使世界變得危險，因此才開始慢慢有損教會的權威。

中世紀的惡魔崇拜，主要為妖術或巫魔會（Sabbath），這類的低俗魔法活動屬於百姓以及貧民階級或在鄉村才會見到的景象。教會的理念確實是想將富裕與貧困者相結合，將充滿和諧的神之國度在人世加以實現，但是對於貧困交加的的百姓來說，神的國度同時也是絕望的國度。他們每一天都必須為了教士及貴族流血流汗，過著極度悲慘的生活，恐怕今日的我們根本無法想像。

充滿絕望的農奴因逃避而進入夢鄉，也是理所當然之事。於是他們放聲高喊，將消失在遠方潛意識彼岸的古代眾神，或中世紀被驅除的魔鬼及精靈喚回。此時現身的，有棲息在地下的小矮人地精，或是具有牛頭或羊頭的半獸神。薩堤爾（Satyr）全身濃密毛髮，長有睪丸，具備旺盛的生殖力，所以不必像基督教的惡魔一樣偷取男性夢遺，也能讓百姓婦女順利懷孕。簡直就是農民才能幻想出的魔物，可說是否定神學闡釋的惡魔觀念，屬於自然的惡魔崇拜。

另有一種見解為薩堤爾或是法翁這類的神話怪物，是人類與動物之間交合的結果，得以居間調停人類世界與惡魔世界，如同獸交在以色列人之間，是極其平常的習慣。在耶利米（Saint Jerome）的《耶利米註解》一書中，將法翁形容成「擁有無花果者」，除了意指這個半獸神滿臉無花果（ficus，也就是膿疱）醜惡無比之外，在阿拉伯及西班牙的俗語中，無花果一詞也代表女性性器，似乎在暗示著這個半人半獸的怪物，是以色列人欲望的對象。十七世紀的鬼神論者弗朗切斯科．古亞佐（Francesco Maria Guazzo）主張，男夢魔有時也會附體在母馬身上，他在書中這樣寫道，「母馬在惡魔衝動時順從的話，惡魔就會溫柔愛撫，為母馬編結鬃毛，一旦母馬不聽話，惡魔便會出手虐待用手戳捅，最後還會將母馬殺死。這種事情其實每天都會發生」。

近代醫學興起之前，一般認為流產可能也是惡魔所為。妖術師在巫魔會上群舞的空檔，會頻繁排出黏稠狀、類似硫黃惡臭的噁心肉塊。

《歐洲劇院》[2]這本書中寫道，在波美拉尼亞接受拷問的十歲少女自白，「自己曾經生下二名惡魔之子，現在肚子裡還懷著第三個孩子」，最後據說遭火刑處死。然而審判官證實，少女本身仍為完璧之軀。這真是個離奇且令人目不忍睹的故事。

神學書籍中有記載，想要趕走男夢魔，可在房間裡將胡椒、馬兜鈴的根、石竹、生薑、肉桂、肉豆蔻、蘇合香、安息香與伽羅樹混合後加以焚燒。聽說這個配方對於偏好水氣的惡魔十分有效。書中還提到，若要對付其他種類的惡魔，最好使用睡蓮、地錢、大戟、蔓陀羅或天仙子等藥草。

進入十九世紀之後，這類的夢魔現象仍未消失，甚至反過來變得更加考究。舉例來說，一個名叫吉拉德考登堡的人，他在《靈界與基督教的知識》[3]這本著作中寫道，他和聖母瑪利亞有著不尋常的友情，雖說這段故事聽起來充滿偽善的氛圍，卻還是不容錯過。

考登堡沉迷於降靈術，是個對狐狗狸（日本一種源自西洋「桌靈轉」的占卜）及自動記述有研究的人，他還可以和去世的家人及朋友對話，不過他不滿足於只能對話，開始夢想著能和這些人用嘴唇及雙手直接碰觸。後來他在實驗時，得到了幸福的愛撫以及接吻的快樂，於是在一八五四年十一月，他會同妹妹，試著向聖母瑪利亞提問。起先他歌詠祈禱文，接著手拿著筆，做好自動記述的準備之後，筆自行動了起來，在紙上順暢地寫下瑪利亞的名字，這代表瑪利亞的靈體回答了問題。除此之外，他手上握的筆還繼續寫著，最後在署名的裝飾文字上加上了小小的十字架！

「這時，感恩之情促使我用嘴唇輕碰了小小的十字架」，考登堡這樣寫道。「結果令人驚訝的是，我的嘴唇明顯感受到回吻。不知道是不是心理作用的關係，我完全沒想到會有這種事。於是我試著再吻一次，同樣感受到愛撫的回饋，我的質疑也就完全消失了。我全身不寒而慄，卻感覺很美好。之後沒多久，我要入睡前，在黑暗與沉默之中，再次回想了這件事。雖然那是看不到、摸不到又聽不到的存在，卻近在咫尺。就在那一瞬間，我內心湧現令人心醉神迷的美好感覺，我只能用高聲呼喊和潰堤的淚水來表達我幸福絕頂的感受。這種感覺就這樣持續了三十分鐘以上，比起我過去所知道的任何一種感覺，都還要來得強烈。」

「某日，我請求在天上的女友與我對話，她透過自動記述這樣回答我，『快樂是我們唯一被允許的事，不能說話』。有一天晚上，她的回吻速度加快，這使我感到神怡心醉，心中充滿無法言喻的喜悅。神祕終於得以實現，天地因愛而結合了！」

「無論這種逸樂如何持久激烈，之後也絕對不會在精神或肉體上殘留疲勞感。參與靈魂幸福的器官，果然依舊一無所動，肉體完全沒有出現任何細微變化。」

考登堡提出了這樣的結論，但是如此強烈的官能逸樂，肉體卻能做到不出現任何變化，可見需要斷絕幻想的禁欲與克己的修煉。我絕對不是在懷疑考登堡先生的良心，只是懷疑他就像狂熱信徒與神祕主義者一樣，似乎不知不覺掉進了自我欺騙的陷阱中了。

另外在一八一六年，有個名叫瑪麗．安吉（Marie－Ange）的十七歲少女，她實現的神祕事件更是驚人。根據記錄者的記述顯示，她用奇怪的字體簽下了基督與瑪利亞的名字，還接連不斷地提出預言，並在屋裡看不見的僕人協助下穿脫衣服。但是最叫人驚訝的是，她像考登堡一樣，不只感覺到和基督接過吻，而且在接吻的同時，她覺得口中有糖漿注入，接下來，又有相當大量的糖漿從嘴巴湧出。最後從她敞開的嘴唇兩端，不斷地有液體潺潺流出。目瞪口呆的眾人，用手指沾取這些糖漿舔了一口，嚐過之後發現味道實在甘甜。

有時候，當基督的接吻變強烈，年輕女孩就會從口中吐出美麗的糖果。「每次接吻到能聽見聲音的時候，瑪麗．安吉就會出神」。目擊者如此寫道，「有一次接吻時，從口中生出一顆如豌豆般大小的糖果，等她將近數百顆糖果塞滿嘴巴之後，便嘩啦嘩啦地吐了出來。看到這些五顏六色的糖果，我們的驚訝之情實在難以言喻……」

寫下這段記錄的，是住在法國小城貝茲一個忠厚老實的醫學士。

就像這樣，乍看之下對於魅魔及夢魔的執迷，在十九世紀之後加上考究的態度，技巧性地變得偽善，讓人以為中世紀當時難以捉摸的恐怖、淫猥已經消失，不過於斯曼這些人卻做出了不同的解釋。他認為現在女魅魔與男夢魔的職責，大多落在被喚醒的死靈身上，而非惡魔或靈體。

事實上，在十八世紀中葉有位名叫奧古斯丁・卡爾梅（Augustin Calmet）的修道士，他在《幽靈概論》[4]這本巨作中曾以吸血鬼為主題，後來這個喚醒死靈的議題，在基督教及惡魔學中，開始大舉浮現檯面。

已經看過電影《德古拉》的讀者一定早就知道，舉凡塞爾維亞、斯洛伐克及匈牙利等東歐各國自古流傳的吸血鬼信仰，完全可視為是女魅魔或男夢魔的變種之一。在波蘭將吸血鬼稱作「Upior」，在希臘則稱之為「Vrykolakas」。根據德國神祕學家約瑟夫・戈雷斯（Joseph Görres）的說法，其中最為殘忍的是塞爾維亞的吸血鬼。

塞爾維亞的吸血鬼「Vampier」，會在夜晚掙脫墳墓，勒住人的脖子吸血。傳聞如果在白天挖開墳墓察看，吸血鬼的玫瑰色紅唇會有一絲鮮血不斷地往下滴。吸血後被殺死的人也會變成吸血鬼，以死亡作為媒介的吸血鬼種族將逐漸繁殖。塞爾維亞的吸血鬼是一種死後依舊受到詛咒無法完全死去的生物，想要澈底消滅他們，必須將楔子釘入他們的心臟，砍斷首級，並將屍體燒毀才行。如果沒有這麼做，整座城將會被受到詛咒的死亡緊緊糾纏，甚至累及家畜及動物。

奧古斯丁．卡爾梅曾嘗試將《幽靈概論》的一章，以〈流行性狂熱病〉為主題，從科學的角度說明吸血鬼的現象。書中提道，墓地土壤的化學成分，可永久保存屍體。土壤中內含的氮與硫黃，在放熱反應之下，會使已經凝固的血液再次液化。而且吸血鬼在臨死前發出的叫聲，是因為火刑時的熱壓，將囤積在其咽喉的空氣擠壓而出所產生。有時候強直性暈厥，也就是所謂的「僵住症」，也算是一個能用來解開吸血鬼現象的關鍵。

無論如何，依照於斯曼的說法，被女魅魔與男夢魔附體的人，可分成二種。一種是因為個人氣質或是天生宿命的關係，可說是自然而然直接受到惡魔影響的人，這種人都是將精力耗盡在可怕的肉體運作上，所以會衰弱、橫死或是自殺而亡。另一種人，是因為凶惡之人或集體的詛咒，遭他人強迫而被惡魔纏身的人，修道院等地常見的例子就是這一類。在近代學者眼中，這些人只算是一種色猜狂，所以與其進行驅魔，倒不如送進精神病院。

不管是惡靈、夢魔或魅魔，全都是在中世紀歐洲廣為流傳的觀念，這些夢魔會因為時代及地區不同，被人用不同的名字來稱呼。像是希臘人口中的「Ephialtēs」，德國人口中的「Alb、Marr」等等，全都是夢魔的別名。德國更是妖術的大本營，其他還有Würger（意指勒死鬼）、Gespenst（意指幽靈）、Nachtkobold（睡魔）、Aufliegeṛ（壓人鬼）、Qu ä lgeist（麻煩鬼）等各式各樣的夢魔。俄羅斯的夢魔稱作「Kikimora」，北歐諾斯語叫作「Mara」。法語中的「Cauchemar」(惡夢)，則源自於「Mara」(惡魔)與「Cauche」(壓碎)這二個字詞。

此外，依據伯恩哈德·約瑟·斯特恩在《土耳其的醫學、迷信、性生活》[5]一書中的記載，南斯拉夫的南部有一種名叫韋施蒂察(Wjeschtitza)的魅魔，她會爬上沉睡中的男子胸膛，緊緊抱住使其窒息或發瘋。

十六、十七世紀時，許多醫生爭相解析這種夢魔現象，企圖提出一個合理的說法，卻反而落入空洞的理論，不過在這當中，帕拉塞爾蘇斯的理論終於帶來了一道曙光。

帕拉塞爾蘇斯注意到一點，人類擁有三個身體，包括眼睛看得見存在人世的「實質身體」、眼睛看不見呈現以太狀的「星辰身體」，與堪稱人類內在聖靈顯現的「靈性身體」。他還明確表示，所謂夢魔的現象，其實也是來自人類的想像力，總之就是從「星辰」本質中創造出來的東西，他在書中有下述這段記述：

「想像力是源自星辰身體的產物，在肉體交合時無法實現的行為。因此這種孤獨而沒有對象的愛具有一種特性，會生成氣體狀的精液。這種心靈精液，將會產生壓迫女性的夢魔，以及挑逗男性的魅魔。」

——《無形的疾病》

這篇文章主要在說明，手淫會產生女魅魔及男夢魔，而且還強調這些惡魔不具實體，只是來自想像力的幻覺，這個說法在當時是極具水準的論點。近代的精神分析將夢魔現象視為癔病的幻覺，這部分在原理上是一致的。譬如哥雅、波希、愛倫．坡、洛特雷阿蒙這些創作者充滿優異想像力的藝術作品，毫無疑問都是從人類的脆弱醜惡中催生出形形色色的夢魔，在他們擺弄下受到了刺激與鼓舞，所以自慰式的藝術與惡魔在此潛藏著密切關係，不過這個問題容後再述。

（順帶解釋一下，拉丁語的 cubo 意指「睡覺」，夢魔是指「睡在上面的人」，魅魔則是「睡在下面的人」。）

書目註記

1. Malleus Maleficarum, Jacob Sprenger, 1486.
2. Theatrum Europaeum.
3. Le Monde spiritual, Girard de Caudemberg, 1857.
4. Dissertations sur les apparitions des anges, des démons et des esprits, Augustin Calmet, 18th C.
5. Medizin, Aberglaube Und Geschlechtsleben in Der Türkei, Stern Bernhard, 1903.

第五部

古代塔羅牌之謎

圖20　煉金術的寓意圖，引用自米夏埃爾・邁爾（Michael Maier）的著作

現在我眼前，排放著七十八張奇妙紙牌，張張都是五顏六色，充滿幼稚且拙劣的插圖。乍看之下，與普通撲克牌相似，實則天差地別。這是遠從幾千年前流傳至今日二十世紀，備受吉普賽女人及魔法師重視，並在世界各地廣為複製的神奇紙牌。傳說精通魔法的大師，會將這些紙牌排成各種形狀，占卜人類的命運、過去及未來。

這種神祕的紙牌，在法國稱作「tarot」（塔羅牌），在德國稱作「tarock」，在義大利則稱作「tarocchi」。最具影響力的神祕學作家狄克森．卡爾（John Dickson Carr），在他的作品《寶劍八》[1]中，便出現過這種塔羅牌，賦予整本小說奇異的神祕氛圍，相信愛好奇幻小說的人都知道這本書。《寶劍八》雖稱不上是傑作，不過將塔羅牌作為工具套用於故事情節之中，這一點倒是很值得一提。此外，在我所見所聞的範圍內，我記得丹尼斯．惠特利的《魔鬼出擊》[2]中，也出現過一個會算塔羅牌的恐怖老太婆。

先前別人拿給我看過，義大利最受歡迎的塔羅牌，是已故油畫家內田嚴先生的家傳之寶，聽說是跑國際航線的船員送給他的。內田先生的千金路子小姐再三叮嚀，「這不能給你，只能借給你喔！」然後笑著將塔羅牌交給我，不過我現在一直很後悔把牌還了回去。

其實參照許多學者的論點顯示，塔羅牌的起源可追溯到遠古時候。十八世紀的大學者庫爾．德．格貝林（Antoine Court de Gébelin）說過，「世人如果知道古埃及的書籍虎口逃生倖存到現代，應該會急著想一探這驚人的寶貴作品有何奧祕」（《原始世界》[3]第八卷）。這正是第一個將塔羅牌起源判定於古代的意見。雖然每一張塔羅牌各自獨立，不過塔羅牌確實是古代文物。格貝林認為，塔羅牌屬於一種象形文字，藉由充滿暗示的寓意畫偽裝，才能倖免於蠻族的破壞，成為世界最古老的祕傳之書。

在格貝林的年代，埃及學並不如現在如此發達，想要了解埃及文明，必須仰賴普魯塔克、希羅多德和楊布里科斯這些希臘、拉丁作家的作品。因此格貝林才會大膽猜測，斷定埃及神話中登場的《托特之書》[4]，必定是塔羅牌的起源。

如此超群的意見帶給全世界學者巨大的《托特之書》衝擊，一舉提升大家對於埃及的關注。托特指的是頭部長得像朱鷺的埃及神，同時也是月之神、語言和文字的發明者，也是歐西里斯冥王的書記。發明黃道十二宮符號與煉金術的也是托特，希臘人將他與天之使者荷米斯等同視之，稱作荷米斯．崔斯墨圖（Hermes Trismegistys，意為「偉大無比的荷米斯」）。總而言之，埃及神話的托特與希臘神的荷米斯已經混為一談，人稱托特．荷米斯的煉金術元祖形象儼然形成，所以前文提到的《托特之書》，被視為這位傳說中人物所留下的著作，是一本代表魔法奧義的書。

只不過，究竟荷米斯．崔斯墨圖這個神話人物真的存在嗎？為了更深入探討這個問題，暫時擱下塔羅牌的說明，讓我們流連在廣闊的古埃及世界之中吧！

埃及人自公元前二九〇〇年左右，便在努比亞一帶發現了金礦，有值得信賴的記錄顯示，當時透過驚人的技術在精煉貴金屬。當然，這些精煉技法都是修道士及學者苦心積慮研究之後的發現，所以這些祕密並不會輕易外洩出去。另一方面已經證實，埃及的化學實驗中一定會伴隨咒法儀式，所以彙整這些事實之後，世人一定會想要探尋埃及煉金術及祕傳之書的起源。

舉例來說，四世紀亞歷山卓的佐西姆斯（Zosimus）曾說過，「埃及王國的富裕全靠這些金屬挖掘法在維持，除了修道士以外，任何人都無法任意為之」，有如在暗中表示祕傳之法的存在。

記述亞歷山卓時代，更準確來說是三世紀到四世紀左右的煉金術之書，絕大多數都是在後世以寫本的方式被保存下來，所以有諸多疑點，例如著名的「克麗奧佩脫拉的煉金法」，不過是十世紀左右的寫本被保留至今。但是也有類似萊登紙莎草紙（Leyden papyrus X）以及紙莎草紙（Papyrus Graecus Holmiensis）這種，從底比斯魔法師墳墓中被發現，明顯可回溯至遠古四世紀的希臘式埃及古文書，還有前文引用過的佐西姆斯、奧林匹奧多羅斯（Olympiodorus）、辛奈西斯（Synesius）、史蒂芬奴斯（Stephanus）等這群亞歷山卓學者的理論書，確實都是照這樣的形式被保留下來，所以這些文獻能讓我們逐步釐清隱藏在神祕雲霧之下的古代祕密。

透過這些文書，被視為煉金術元祖的荷米斯．崔斯墨圖，正確來說並不是希臘的神，而是存在埃及這個希臘殖民地（亞歷山卓）的神。

埃及的希臘人，十分尊崇自遠古法老時代連綿不斷傳承下來的古老宗教，雖然這個尼羅河王國的宗教已經日漸勢微，但在他們虔誠信奉的同時，也為這個宗教增添了希臘色彩。

事實上在亞歷山卓殖民地，有許多民族雜居於此，而希臘人是當中最具知性且精練的一群人。埃及宗教與希臘哲學混雜之下，他們試圖導引出符合愛好且純粹的原理。當然，這當中還有猶太教的傳統卡巴拉、東方各民族的宗教、祆教以及密特拉教等宗教渾然一體。就像這樣，希臘人將文字與語言的發明者、魔法之神荷米斯與托特等同視之，創造出名為托特．荷米斯這號傳說中的神，即為荷米斯．崔斯墨圖。傳說他著作的書籍，包含可疑的作品在內，坦白說可能高達幾萬冊，楊布里科斯則認為有二萬冊之多。

當然這些書籍都是在幾世紀的歲月間，由無數有名或無名的煉金師或魔法哲學家，假借荷米斯之名著作而成，作者名稱不詳，不過後代的煉金師卻相信此皆出自荷米斯．崔斯墨圖之手。之所以會如此，是因為那些書籍的內容充滿難解的象徵，對一般人來說像是走入神祕迷宮之中，根本望塵莫及。

現在荷米斯．崔斯墨圖殘存下來的書，僅有以希臘語寫成的十四篇短文，還有基督教神學家保存下來的若干片斷，其中最有名的，就是十五世紀義大利學者費奇諾（Marsilio Ficino）所翻譯的《荷米斯文集》[5]，又稱《祕文集》，其中有部分內容酷似《約翰福音》，另外也和柏拉圖的《蒂邁歐篇》[6]十分相似。

此外還有一個荷米斯的作品經常被人引用，這個被神祕主義者視為信條的文章，就是名為《翠玉石板》[7]，又作《艾默拉德石板》[8]的作品。這是在陰暗墓室內，荷米斯木乃伊手持的艾默拉德石板上刻著的文章，傳說中提到，這個墓室應該位在吉薩大金字塔內部。幾千年間，只有他的弟子能夠自由出入這個地下禮拜堂，學習咒術以統治大自然及眾神的力量。

《艾默拉德石板》由十二段簡潔卻含意深厚，充滿象徵性的文章組成。譬如「如其上，同其下」(As above, so below) 這樣的文章，成為後世煉金術師的金科玉律。還有「其父為太陽，其母為月亮，風將其載於腹中，地為其供應養分」等文章，也是在象徵煉金術的原理，在十七世紀玫瑰十字會團員米夏埃爾．邁爾的著作《科學家與偽造》[9]中，留下了很有意思的寓意畫。

不過現在已經知道，荷米斯．崔斯墨圖這號人物在現實中並不存在。吉薩大金字塔的內部也全都搜索過了，卻沒有找到任何一片《翠玉石板》。很不可思議的是，傳說雖不屬實卻也相去不遠。誠如前文所述一般，一八二八年，從位在埃及底比斯的某位無名魔術師墓中，發現了被稱作萊登紙莎草紙的一系列文書，這些古代文獻裡頭，內含有史以來年代最久遠的《艾默拉德石板》複本。難不成這位無名的魔法師，就是荷米斯．崔斯墨圖？

在此將話題重新導回塔羅牌上。承前所述，十八世紀的學者格貝林認為塔羅牌的發明者是托特．荷米斯，傳說中提到，他既是文字之神、魔法之神，也是繪畫技法之神，所以擅長描繪眾神的肖像。彙集了托特．荷米斯神祕肖像畫的書籍，名叫《A. Rosh》。「A」意指教理，「Rosh」則是開始的意思。寫成文字之後，應該很容易理解A－Rosh會變化成「Taroch」。依照格貝林的說法，塔羅的Tar意指「道」，Rog意指「王者」，所以塔羅就是「王道」的意思。

格貝林的說法建立在含糊不清的假設之上，這成為近代埃及學發展的導火線。換言之，一七九九年，拿破崙的埃及遠征軍在尼羅河口的羅塞塔發現了黑色玄武岩的石碑後，開創了象形文字解讀的開端，這就是羅塞塔石碑被發現的始末。石碑是為了古埃及王托勒密五世所打造，利用象形文字、世俗體（Demotic）及希臘文三種字體，刻出歌頌埃及王德行的字句。考古學家商博良（Jean－François Champollion）解讀後，數千年來充滿神祕的古埃及文明，才開始有了一絲曙光，這件事後來也是遠近馳名。

日後許多學者繼格貝林之後，承續了塔羅牌的埃及起源說。在這當中，有用特埃利阿（Etteilla）為筆名撰寫論文的理髮師阿利埃特、知名的神祕主義者史坦尼斯拿斯．德．古埃塔（Stanislas de Guaita）的祕書奧士華．沃斯（Joseph Paul Oswald Wirth）、對於卡巴拉有獨自見解而著手研究名聲響亮的帕普斯（Papus），還有在《高等魔法的教義及儀式》最後章節嘗試將塔羅牌用卡巴拉解釋的艾利馮斯．李維，傑出者眾多，但是到了二十世紀之後，有位約翰．金．范．倫斯勒夫人，為這塔羅牌加上了全新的解釋，撰寫了《預言知識及遊戲的紙牌》10這本書。倫斯勒夫人主張，塔羅牌是從埃及、希臘與巴比倫尼亞等各地共通的古老占卜法裡派生而來。在埃及古寺裡的四方牆壁上，仍畫有今日塔羅牌上可見的奇妙肖像畫。過去祭司習慣站在祭壇上，豎起幾根類似大笠竹般的棍子，棍子倒下指向壁畫後，祭司便會依照這張壁畫占卜過去及未來，聽從眾神的命令。

在宗教受到迫害的時代，祭司紛紛棄寺逃亡，不過他們依然記得將寺院的壁畫做成小紙卡，偷偷帶在身上。祭司從埃及經由著名的「小麥之路」，一路逃往義大利。「小麥之路」在當時是相當重要的交通路線，連接亞歷山卓與拿坡里附近的巴亞。分散在東歐各地的吉普賽人，應該就是這群埃及逃亡者的子孫。所以倫斯勒夫人表示，在他們當中有塔羅牌名人，也完全不令人意外。

話說回來，前文為大家說明了塔羅牌漫長的歷史起源，接下來想為大家介紹一下塔羅牌的涵義與用法。在七十八張牌當中，從〇到二十一為止，附有編號的紙牌（大塔羅）有二十二張，在這些紙牌裡頭，一定都畫有人像，所以這些紙牌又叫作「人物牌」。人物牌分別表示人類的欲望、恐懼、智慧、活動、善意或惡意等等，如同全世界的縮影。第十八張的「月亮牌」，則畫上了二隻狗來代替人像，這些狗的用意是在藐視十六世紀的占星學家。而向月狂吠的狗，總之就是諷刺人類的圖畫，所以也算代表「人像」的一種。

圖21　塔羅牌之一

由此可見，塔羅牌的花色多半與拜占庭寺院的花窗玻璃，以及壁畫上出現的聖像畫（icon）十分類似。藉由人像表現神聖觀念的手法稱作圖像學（Iconography）。但是塔羅牌與圖像學的差別，在於後者是在表現神聖的觀念，前者則是在展示現世的觀念。假如拜占庭寺院表達的是人類與神聖之物的關係，塔羅牌則是在表示人類與世間萬物的關係。

話雖如此，其實二者都具有相同的功能，都算是一種「記憶法」。

中世紀的人們透過圖畫組合，很容易就能理解用文字長篇大論的複雜觀念。即使不是偉大學者，無知文盲也能透過繪畫輕鬆「解讀」。這就是中世紀所謂的記憶法，這種方法實在優秀。例如魔法師拉蒙．柳利筆下名為《記憶的藝術》[11]的奇妙作品，當初創作的目的也是一樣，他將《聖經》裡的各種主題用圖畫表現出來。例如他把約翰、路加及馬可這些福音書的作者，分別用鷲、公牛與獅子這類形象來展現，除了這些形象之外，他還將聖經中的各種場面用袖珍畫（miniature）的方式描繪出來。在這些袖珍畫裡頭，當然同樣大量使用了各種象徵以及寓意表現。藉由這種方式，就連不識字的無知份子，也能借助圖像，將《聖經》的事蹟深深烙印在記憶裡。

現代教育十分發達，如今從我們的角度來看，感覺這些方法完全就像騙小孩的把戲，但是在只有少數人能夠讀寫的時代，透過圖畫記憶的方法，實在不容小覷，而塔羅牌的花色也是利用顏色、形狀以及附屬物等無數的傳統象徵符號所組成，屬於記憶法的一大體系。

圖22　塔羅牌之二

話說回來，究竟記憶法是要用來做什麼呢？如此周密隱藏的象徵意義，又代表什麼呢？到此我們的推理突然陷入僵局。如果是《記憶的藝術》，描述的是《聖經》裡基督的事蹟，會有人人都了然於心的對象。然而塔羅牌呢？

至少塔羅牌的象徵並不是在展現固定一種教義，這點無庸置疑。雖然紙牌的圖畫都是用單純老套的線條描繪，但卻各自暗示著接連不斷的活動。也就是說，塔羅牌的目的，似乎是要將我們的精神引入生氣勃勃的狀態，藉由不受任何拘束的精神、習慣及固定觀念，讓平時一直沉睡在意識深處魔法般的心靈能力，蓬勃地甦醒過來。

所以塔羅牌的奧祕，找不到解開的鑰匙也是不足為奇。使用塔羅牌的人，各自提出獨到見解即可。這樣說起來，解牌看似籠統又不負責任，但是說到魔法，不管是哪一種技巧咒術，絕對無法用固定的理論完整做出合理的說明，運用魔法的人經常才是問題所在。至於無法解釋的部分會視為祕法，通常是在方士之間傳承最基本的祕密。

因此，塔羅牌也和占星學一樣，雖然以預言未來以及人的性格為目標，但卻完全不具備占星學這方面的科學根據。塔羅牌占卜者認為，未來無法以數學理論加以解析。占星學者會透過計算以及抽象的思考，努力挖掘宇宙的秩序，但是當這些努力遇上瓶頸，就會像對月狂吠的狗一樣，徒勞無功。方才提過的第十八張牌，就是用來嘲諷這種占星學者的妄想。

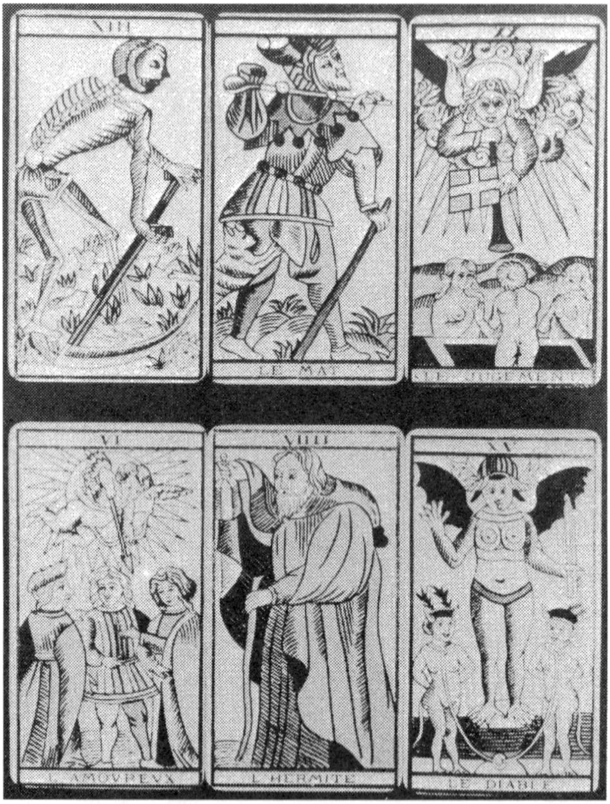

圖23　塔羅牌之三

總而言之，塔羅牌占卜者始終立足於世間百姓的信仰基礎之上。也就是說，當煉金師及占星博士一心一意精進個人孤獨的夢想以及完美無缺的技術時，塔羅牌占卜者將百姓視為朋友，在他們日常生活中遇到幸或不幸的事情時，提供諮詢服務。

塔羅牌另外的五十六張牌，稱作小塔羅，就像一般的撲克牌一樣，分成四種花色，有權杖、寶劍、金幣與聖杯，四種花色都有一到十的編號，另外還有四張主牌，分別是國王、王后、騎士與侍從。四種不同的花色，代表中世紀的社會階級，所以權杖是百姓，寶劍是貴族，金幣為商人，聖杯為教士，分別具有不同的象徵。近代的撲克牌，幾乎可說是由分成四組花色的小塔羅變形而來。

另一方面，二十二張塔羅牌（大塔羅）則是由小塔羅獨立出來的一組牌，分別具有下述名稱及涵義。

〇 愚人——瘋癲、靈感、信賴、狂熱
一 魔法師——提問者、神、權威、引路人
二 女祭司——學問、神祕、冥想、和平
三 女王——決斷力、行動、愛、家庭
四 國王——意志、天理、理性、支配
五 教宗——靈感、指導、祭司、辯護人
六 戀人——熱情、自由、結合、一致
七 戰車——勝利、知性、獨立
八 力量——力量、工作、勇氣、忍耐
九 隱士——智慧、慎重、祕法
十 命運之輪——命運、時間、恩寵、幸運
十一 正義——正義、責任、公平
十二 倒吊人——犧牲、考驗、規律、服從
十三 死亡——死、再生、永續、人性
十四 節制——節約、中庸、純潔、平靜

十五　魔鬼──疾病、暴力、衝動、粗暴
十六　高塔──破滅、失望、懲罰、屈辱
十七　星星──希望、天體感應、雄辯
十八　月亮──危險、敵人、背叛、虛偽友人
十九　太陽──結婚、幸福、發現、天啟
二十　審判──煉金術、變化、覺醒、驚異
二十一　世界──成功、調和、滿足、完整

另外每一張小塔羅，也都充斥著相當具體的涵義，因為過於繁瑣而在此省略。

利用紙牌，也就是單用大塔羅就能進行占卜，用下述範例為大家示範一次。

首先占卜者須將二十二張牌洗乾淨，再讓問卜者從〇到二十二隨意選出一個數字。例如當問卜者選出十七之後，占卜者要由上數到第十七張牌抽出來，翻面給問卜者看。這就是第一張牌，意味著增加。接下來要再次洗牌，依照相同作法抽出另一張牌。這就是第二張牌，意味著減少。就像這樣，抽出五張牌之後，依照下述這樣排放好。

3
討論

1 增加（肯定）　5 綜合　2 減少（否定）

4
解決

充分思索第一張牌至第五牌串連起來的意義之後，占卜者再做出最後的意見（綜合判斷）。

這是最簡單的占卜方式，另外還有更繁複的作法，是連同小塔羅牌全部混合在一起，不斷排出固定的形狀，讓人可以一覽無遺地判斷出過去、現在與未來的情形，但是在這裡實在難以說明清楚，實在感興趣的人，我再另外找機會教大家。

書目註記

1. The Eight of Swords, John Dickson Carr, 1962.
2. The Devil Rides Out, Dennis Wheatley, 1974.
3. Le Monde Primitif, Antoine Court de Gébelin, 1816.
4. Book of Thoth.
5. Corpus Hermeticum, 1554.
6. Timaeus.
7. Emerald Tablet.
8. Tabula Smaragdina.
9. Silentium Post Clamores, Michael Maier, 1617.
10. Prophetical, Educational, and Playing Cards, John King Van Rensselaer, 1912.
11. Ars Memoriae, Ramon Llull, 1470.

第六部

巫魔會幻景

圖24　引用自烏立克・莫利托（Ulrich Molitor）的著作

身為額我略聖歌（Cantus Gregorianus）作者而廣為人知的教宗額我略一世，在他著作的《對話錄》[1]中，留下了一段很有趣的故事，內容在說一名年輕修女活吞了惡魔。

某一天，這名修女在修道院的庭院摘萵苣葉來吃，結果發現惡魔進到了她的肚子裡。這下子事情嚴重了，引起修道院一陣騷動，馬上舉行了驅魔儀式。修道士一臉嚴肅，對著修女肚子裡的惡魔訓誡：「趕緊出來，沒有人會鑽進那種地方！」沒想到惡魔竟然回說：「沒有人會喜歡鑽進這種地方，難得我舒服地躺在葉子上睡午覺，還不是這個姑娘把我摘下來吃了！」最後修道士輕易地將惡魔趕走，將事情了結。

這是發生在六世紀末，一個輕鬆愉快又純樸的軼事，由於在當時候惡魔的力量仍微不足道，所以想必連偉大的教宗額我略也萬萬沒料到，這就是百年後像瘟疫一樣蔓延至全歐洲各地及修道院，那種可怕妖術信仰的古老先兆。

到了十三世紀中葉，在德國研究妖術的教宗額我略九世為了消滅異教阿爾比派，設立了宗教裁判所（Inquisitio Haereticae Pravitatis），甚至對所有的叛教者、異教者及妖術師準備了極其殘酷的火刑。原本這個宗教裁判所主要是為了迫害妖術，且在十六、十七世紀勢如破竹，但是惡魔的勢力終究在中世紀這一千年間不斷擴大，如火燎原。額我略九世的大敕書，便曾詳細論及妖術師舉行巫魔會的情景。

究竟巫魔會是怎樣的聚會呢？為什麼必須嚴格禁止呢？

明月之夜，在人煙稀少的鄉間小路上，可見到三五成群的男男女女，快步趕往聚會場所。男女老少似乎被某些無形的力量牽引一般，默默地移動腳步。沒多久便來到十字路口的空蕩廣場，而深夜詭異集會的祭司正在等候大家。女性手持插著蠟燭的竹竿或掃帚，來到集會場後，立即跨過掃帚，加入圍成圓圈跳舞的人群中，又跳又叫。一群蹲坐在暗處的女妖術師，則發出怪聲回應她們。突如其來的深夜叫聲以及野蠻音樂，順著風勢傳到了百姓家中，虔誠的教徒急忙大門緊閉，手畫十字。而集會的場所都會特別選在巨大枯木或路標底下，甚至是刑場的附近。

說不定，巫魔會是自古流傳至民間，用來解放異想天開的欲望。而且承如前文所述，自從天主教會認為異教及妖術具有危險之後，這些異教的儀式便逐漸被視為不祥之舉。一切的惡，全跟著中世紀一起展開了。

十一世紀歷史學家馬姆斯伯里的威廉（William of Malmesbury）寫過一段離奇軼事，二名老太婆在羅馬大道上將人變成馬，牽到了馬市場去賣。另外哲學家索爾茲伯里的約翰（John of Salisbury），則寫了一篇惡魔化身山羊或貓的外形，現身妖術師夜宴的故事。在惡魔學及鬼神論達到顯著發展的十三世紀，道明會（Dominican Order）的修道士博韋的樊尚（Vincent de Beauvais）曾報告說，有名女妖術師在夜晚騎著掃帚飛向高空去參加集會。

圖25　古老的巫魔會

女妖術師飛越高空這種事，一直到十八世紀都在民間口耳相傳。義大利鬼神論者弗朗切斯科．古亞佐在《惡行要論》[2]這本書中，就有一張女妖術師騎著長有翅膀的山羊飛越天空的插圖。著名的康士坦茨市法律顧問烏爾里希．莫里托魯，他在談論吸血魔女拉米亞的《關於妖怪及魔女》[3]一書中，有張稚拙的木版畫插圖便描繪著三名妖術師，他們分別長著驢、禿鷹、小牛的頭，騎著耙子飛去（參閱圖24）。當時普遍相信妖術師會化身成動物，而且人們有時候也會像在古代酒神節時一樣，戴著各種動物的面具。

巫魔會這種聚會的目的為何？會中會進行哪些淫靡的儀式？這些都是非常難以釐清的問題。因為我等蒐集到的資料，多數都是來自於妖術師在宗教裁判所上的自白，而這些自白大部分又是在拷問之下被迫道出，所以不如說是妖術師信口胡說的幻想，再加上審判官鬱積的妄念，還有雙方受壓抑之下的性欲合而為一之後，最終才會出現這種誇大自白的傾向。因為這些審判妖術的審判官中，許多都是陰險的性虐待狂，以及完全瘋癲的迷信者。

每個地方對於巫魔會的審判記錄都不相同，不過所有的惡魔學者一致公認，妖術師往高空起飛之前，會在爐前裸體，全身塗滿香油。香油屬於一種麻醉劑，同時妖術師也會不時服用像是顛茄（茄科的有毒植物）這種興奮劑。

妖術師並非在中世紀才開始使用藥物。古羅馬頹廢時期的戲作家阿普列尤斯，曾在小說《金驢記》4中寫道：

「潘菲樂（Pamphile）將所有衣物脫光後，打開一個小竹筐從中取出小盒子，拿了當中的油膏，用手掌搓揉許久，後來用這些油膏從腳尖至髮梢，將全身塗抹了一遍。順勢對著燭臺悄悄地喃喃自語，手腳微微抖動起來。緊接著，隨著身體緩慢搖晃之後，漸漸長出柔軟細毛，甚至張開了強而有力的雙翼，潘菲樂現在已經變成了一隻貓頭鷹。」

——吳茂一氏譯

阿普列尤斯傳神的描寫，實在不愧為世界最古老的魔法小說家。

主要在週三與週五的夜晚，每當接近巫魔會的時間，眾多妖術師就會開始情緒焦躁、坐立難安。他們會潛入無人的倉庫，或是類似廚房的地方（只要有煙囪的房間就行了），不斷地口念咒語，同時將香油塗滿全身。之後，他們會突然感覺身體輕飄飄地。有一種說法認為，這種現象是因為香油刺激到脊椎所致。無論如何，男男女女的妖術師都會陷入一種人為造成的失神狀態，所以傳聞中的巫魔會，也不能說不是這種譫妄狀態營造出來的妄想結果。近代有些鬼神論者，便努力想藉由靈媒等神祕力量的飄浮現象，說明這些妖術師在空中飛行的現象。

騎在掃帚上飛行時，有一點要特別注意，就是手腳絕對不可以交叉。手腳交叉成十字就會變成基督教的符號，肯定會招來惡魔不悅。

話說這些妖術師要飛往的目的地是在何方呢？一般來說，巫魔會一定會在古時候的廢墟裡舉行，例如太居巨石聚集的布列塔尼原野、留有過去德魯伊教活人生祭的祭壇石草原、墨丘利神殿屹立的山頂、祭祀過凱爾特神話的條頓（Teutates）以及閃族人魔神摩洛（Molech）的荒地。其中最知名的，就是留有支石墓（Dolmen）殘骸，位在德國哈茨山的布羅肯峰。請大家回想一下歌德的《浮士德》第一部，瓦爾普吉斯之夜*那種鬼火焚燒的奇異情景。這些古代異教遺跡會被用來作為巫魔會的舞臺，總而言之明顯說明異教信仰一直倖存到中世紀甚至近代，而且就是以妖術的方式重現生機。

所以主持巫魔會的惡魔李奧納多（Leonardo），正好可想成是異教徒普里阿普斯（Priapus）或巴克斯（Bacchus）的再世，他具有巨大的陰莖，長著會讓人聯想起潘神的山羊頭，（另外依據某個女妖術師向審判官德．朗克［Pierre de Lancre］提出的供詞顯示）恰似「有著兩張臉的雅努斯（Janus）」。

在基督教統治權確立之後，中世紀倖存的古老風俗全被視為惡魔之舉。就連德魯伊教的夏至節，還有凱爾特人流傳下來的五月一日樹木節，以及酒神節、戴安娜節與守護泉水的「母神」信仰，全都變成了妖術師的巫魔會。女妖術師使用的掃帚，原本是神聖爐灶的象徵，僅有單純的性涵義，後來卻變成惡魔的工具。古代的性儀式，本來全屬於對大自然的崇拜，都是在歌頌大地的豐收，然而中世紀的巫魔會，卻成為禁忌肉欲痙攣抽搐的出口。

如此想來，參加巫魔會的人們，可說都是違反中世紀社會階級及教會秩序，主張所有權與性自由的無政府主義者。當然多數一定是對社會、性欲有所不滿而飽受困擾的無知百姓婦女，不過可以想見在她們當中一定有一號人物擔任領導的角色，性格會與農民起義的統率者極為雷同。此外臉戴面罩參加巫魔會的貴族及貴婦也不在少數，總之就是所謂垮掉的一代。如同曾在蘇格蘭伯立克郡主持巫魔會的約翰．費安（John Fian）這號人物一樣，過去他是知名反教權主義大貴族伯斯維爾伯爵的心腹，而伯斯維爾伯爵自己後來也被告發是個妖術師。

被一般人稱作拉丁正統派四大惡魔學者的約翰．維爾、布丹、德爾里奧與德．朗克這四人，據說每一位都不是異教徒，而是站在羅馬天主教正統信仰的立場，完成當時魔法師望塵莫及的研究。在這當中著有《墮天使以及魔神變身之圖》[5]一書的皮埃爾．德．朗克，不但是博學多才的偉大學者，更是嚴峻的妖術審判官，他正是將就職地巴約訥地區推落恐怖深淵的罪魁禍首*。他利用職權，除了上述著作之外，還寫了《無信仰的詛咒》[6]這本書，從四面八方分析敘述了妖術師在巫魔會裡的行徑。為了逼嫌疑犯供出自白，甚至不辭嚴刑拷問。

＊瓦爾普吉斯之夜（Sankt Walpurgisnacht），《浮士德》劇作中的女巫聚會之夜。根據中世紀以來的德國民間傳說，這個聚會發生在每年五月一日前夜，各色女巫從四面八方騎掃帚或母豬趕赴哈茨山的布羅肯峰。聚會的高潮是撒旦崇拜。因此，「瓦爾普吉斯之夜」又作為骯髒、齷齪、猥褻、醜陋、邪惡與淫蕩的代稱。

＊德朗克在就任判官期間，四個多月內判處數十人死刑，在一六〇八年被亨利四世下令禁止施行巫術，並於進行大規模的一六〇九拉波爾獵巫行動。

表面上看來，他裝作一付恪守法律的審判官形象，其實這個男人的心神幾乎已完全被女妖術師口中的妖幻巫魔會之夜給迷惑。女妖術師也明白這點，為了滿足滿腦子想著這些惡魔故事的審判官，大肆加油添醋粉飾事實。當然並不是滿足了審判官之後就能抵消刑罰，但她們認為至少可以拖延判刑時間。只不過，對於德．朗克來說，只要參加過巫魔會，就是足以被判焚刑的大罪。

他在《墮天使以及魔神變身之圖》中，穿插了一張頗有意思的木版畫，讓巫魔會這種集會的所有儀式一覽無遺（參閱圖26）。正中央的大鍋子滾滾沸騰，頭戴頭巾的老太婆正在用風箱送風。令人作嘔的熱氣濛濛瀰漫，女巫、惡鬼以及令人毛骨悚然的昆蟲在熱氣中飄蕩。右方已備妥宴會席位，各種社會階級的婦女與惡魔並排而坐，而盤上的料理，居然是燒烤嬰兒。左方則有孩童持棍，正在釣池塘裡的蟾蜍。蟾蜍除了可用來製作春藥之外，在巫魔會上也是舉足輕重。

德．朗克的書裡有提到一段故事，名叫馬蒂貝爾法雷納（Martibelfarena）夫人的女妖術師與四隻蟾蜍在跳舞，一隻穿著黑色天鵝絨禮服，腳繫鈴鐺，其他三隻則全身赤裸。傳聞她讓穿著衣服的的蟾蜍像鳥一樣停在左肩上，另一隻停在右肩，其餘兩隻則分別停在雙手上，就這樣出席巫魔會——簡直就像格林童話裡的世界一樣。

從蟾蜍身上萃取而出的春藥是綠色的液體，這種濃縮後的液體僅碰到衣服，身穿衣服的人就會立刻死亡。妖術師從小就會教孩子如何調配春藥，而且液體還可以製成軟膏或藥粉加以保存。

圖26　引用自德・朗克的著作。出自揚・齊亞恩科（Jan Ziarnko）之筆

一名叫作留阿費（Riuaffeau）的女妖術師親口證實，春藥的作法是「將貓剝皮後，與蟾蜍、蜥蜴、毒蛇一起倒入用烈火加熱的鍋中，再長時間熬煮」。

在德．朗克的木版畫中，可以看到長著四根角，貌似山羊怪物的惡魔坐在寶座上，這正是主持巫魔會的主人李奧納多，主人兩側坐著的，則是巫魔會的女王與公主。一隻生出蝴蝶翅膀的惡魔，與一個女妖術師正雙手領著赤身孩童來到寶座前方。這個巫魔會中最重要的主人李奧納多，究竟是個怎樣的惡魔？這在朱爾斯．博瓦的文章裡有下述詳細說明：

「那是隻前後分別長出二根角的巨大山羊，前角像女人的假髮一樣倒立著，有的只會長出三根角，外形呈現希伯來語的『罪』字型，正中央的角因點著蠟燭而閃閃發光，而且這根角上，還會戴上頭巾或帽子。就像戲劇化的阿多尼斯（Adonis）一樣，他一旦裸體就會呈現出女性一般的乳房，全身毛髮簡直長如鬃毛。但是他毫不羞恥暴露在外的，是長度高人一等、猥褻無比的男性特徵，那像蛇一樣歪扭彎曲，而且長滿鱗片，遍布刺（缺）般的尖刺，還像樹木一樣具有角質，甚至如同燒熱的鐵塊。他坐在金光閃閃的華麗椅子上，齜牙咧嘴地笑著，等待一幫罪人的合唱。想必罪人終究能滿足他的淫心，滿心感激地為他的臀部獻上親吻的洗禮、口水的洗禮。」

——《惡魔學與魔法》，一八九六年

德．朗克所描述的巫魔會景象，相較之下並不遜色，內容極為驚人，接下來引用一個段落：

「這裡的女性全都光溜著身子，甩動一頭亂髮，飄在空中舞動身體，再落到地面上。一群人放蕩亂舞，盡情吃喝，像畜生般交合，毫無廉恥地嗤詆天神，而且絞盡腦汁只為了邪惡的復仇。對於所有毛骨悚然、令人不恥、違反自然的欲望，皆奮不顧身窮追不捨。她們撫玩著蟾蜍、毒蛇與蜥蜴，喜愛所有的魚類，對惡臭的公山羊一見傾心。而且她們在痴情愛撫公山羊後，發生了令人不寒而慄的事，她們竟然與這些公山羊翻雲覆雨。」

出席巫魔會的妖術師，時常將自己的孩兒帶到惡魔面前。只要孩子不會被烤來吃，就會經惡魔之手獲得二次洗禮。無論大人小孩，只要是首次參加巫魔會的人，都有義務接受這樣的洗禮。

惡魔的洗禮是如何進行的呢？首先受洗之人必須放棄基督教的信仰以及對神的誓言，卑侮聖母瑪利亞稱她為「紅毛女」，用腳踐踏十字架及聖人像。

並且要向惡魔做出承諾，

「我不會再回到最初的信仰，已經完全捨棄教會的訓示。我一心只敬愛您，只相信您。」

然後惡魔會回答：「很好，既然如此，我保證會賜你這輩子前所未見的莫大快樂。」

接下來惡魔會用爪子在新來的人額頭上用力一抓，作為畫押。簽下這種合約之後，就會開始進行洗禮。洗禮時會使用髒水，緊跟著惡魔會為這個人取新的名字，比方說有位名叫羅貝雷·迪·克尼奧的義大利人，就被取了「巴爾比卡布拉」（山羊鬍）這樣的名字。

圖27　惡魔與水性楊花的女子

惡魔會要求新來的人，用衣服或是身上穿戴的部分衣物，甚至用孩子作為合約的抵押品。這時候新來的人必須再次進入地面上描繪的圓圈中，發誓會服從惡魔。（根據古亞佐的說法，這個圓圈象徵著地球。）新來的人會在這個圓圈內發誓，「我偉大的撒旦，請你將我的姓名寫進你的黑色之書、死亡之書中。我答應為您犧牲一切。每個月我會殺死一名嬰孩，吸吮他的血。為了彌補昔日的罪過，我會每年一次，獻上您最喜愛的黑色活供品……」

於是惡魔會再次用利爪在男子的肩膀、眼瞼、嘴唇、腋下、臀部，或是女子的乳房、其他隱祕部位留下畫押的傷痕。就像在有逃亡之虞的奴隸身上留下烙印一樣，惡魔會在他覺得很有可能變心的人身上，留下深刻的抓痕。

像這樣歸順惡魔的妖術師，形同基督教會誓不兩立的敵人，首先在一開始必須遵守下述戒律，例如完全禁止使用十字架、聖水、鹽、聖餅以及其他的聖物。一般認為鹽具有驅魔的力量，因此在巫魔會的料理當中，通常都不會加鹽調味。

話說在不知不覺間公雞引吭高啼，巫魔會終告結束。魔法書中提到，公雞的叫聲威力強大，足以震懾獅子。就在第一聲雞啼的同時，幻影全部消失無蹤。異教世界的滅亡、「偉大潘神之死」（普魯塔克），似乎經常像這樣周而復始。方才看似巨大的公山羊，仔細一看，不過是高大的烏黑樹木罷了，不但沒有長滿毛髮的手臂，也沒有前端開叉的蹄，更沒有長著角的頭。就連四處呈現陰莖外型的突出物，同樣在定睛細看之後，會發現只是佈滿節子的枯枝所造成的幻覺。

女妖術師不敵寒意直打冷顫，回到自己的破屋子，鑽進硬邦邦的被窩裡。體力盡耗之下沉沉睡去如同一灘爛泥。在夜色由黑轉白時，顛茄的麻醉藥效散去，扭曲成奇形怪狀的僵硬身體，終於恢復原狀，清醒過後，再次展開了日常生活。

即便幻影消失了，但是她們應該不會感到失望。想必曾經見過的奇幻夢境，足以讓一切貧困日常及苦痛消退，使她們能抱持著更甚以往的強烈期盼，從此繼續過著規律的生活。相信巨大公山羊的幻影，將日漸成為熱烈讚嘆的對象。

接下來，這些生活的終點，無論得承受拷問的磨難，或是得上火刑臺面臨死亡，甚至起義暴動，總之這些結果至少都不會是惡魔的責任。

書目註記

1. Dialogys, Sanctus Gregorius PP. I.
2. Compendium Maleficarum, Guazzo Francesco Maria, 1929.
3. De Lamiis et Pythonicis Mulieribus, Ulrich Molitor, 1486.
4. Metamorphoses, Apuleius.
5. Tableau de l'inconstance des mauvais anges et demons, Pierre de Lancre, 1613.
6. L'incrédulité et mescréance du sortilege, Pierre de Lancre , 1622.

第七部

黑彌撒玄義

圖28　雙性神巴風特，引用自艾利馮斯・李維的著作

誠如上一章所述，中世紀的巫魔會類似古代酒神節或普里阿普斯節又重現了一樣，主要是在鄉間野外舉行，但是到了近代之後，這些活動入侵到都市的教會內部，開始被稱之為黑彌撒。隨著時代演進，貧民百姓奔放的節慶喧騰，逐漸演變成祕而不宣，類似陰森森的密室犯罪。近代的黑彌撒就這樣，變得與民眾無緣，形同頹廢貴族的專利。

換言之，隨著基督教的權威慢慢擴及各階層後，惡魔再無餘力聚集民眾為自己祭祀，所以才轉而逃入教會內部，因此黑彌撒其實就是惡魔假借基督的權威，反過來拿教會當武器，試圖藉由玷汙神聖的彌撒，設法使人認同他的力量，屬於一種迫不得已的反抗手法。因此，主持黑彌撒的祭司，多為與惡魔進行過交易，違反基督教戒律的教士。惡魔對於基督教而言，終究成為禍起蕭牆的主角。

一般傳說黑彌撒起源自基督教異教阿爾比派。阿爾比派在中世紀傳播至法國南部，於十二世紀末左右被教宗額我略九世下令趕盡殺絕，究竟這個阿爾比派對於惡魔崇拜沉迷到何種程度，其實並沒有明確的證據足以證實。艾利馮斯．李維認為，所謂的阿爾比派雖是信奉善惡二元論的祆教偏向頹廢的一群人，但是這一派正如別名純潔派所形容，事實上是擁有極其嚴格的戒律，完全禁欲的團體。還有不承認基督肉身以及十字架象徵，秉持諾斯底主義的聖殿騎士團這群人，一般相信他們也是崇拜自古流傳的雙性神巴風特，一直在舉行黑彌撒的神祕儀式。

談到歷史上首見最著名的黑彌撒，第一個不得不提的就是十五世紀的怪物，吉爾・德・雷男爵血腥的嬰兒屠殺事件，在此借助艾利馮斯・李維的文章，為大家說明十六世紀法國的女中豪傑凱薩琳・德・麥地奇（Catherine de Medici），與其子查理九世崇拜惡魔時陰森詭異的模樣。

「有一次查理九世生了一場病，沒有一位醫生能找出病因，他呈現半死不活的狀態。母后凱薩琳・德・麥地奇只好先找占星學者商量，後來又求助人人忌諱的魔法，可是查理九世的病況還是一天天惡化，令人絕望，後來魔法預言更出現了『沾滿鮮血的臉孔』。接下來便為大家介紹一下，這個地獄般的儀式是如何進行的——首先要挑出一名出身正統相貌堂堂的孩童，由宮廷祭司幫他做好最初領聖體的準備。到了活人獻祭的這一晚，精通黑魔法神祕儀式的道明會叛教教士，會在深夜十二點來到病人房間，開始執行當時所謂的惡魔彌撒的儀式，而列席者，僅有凱薩琳・德・麥地奇與其心腹手下。

彌撒會在惡魔肖像前舉行，腳踏傾倒十字架的妖術師，首先獻上黑白二個聖體麵餅。白色麵餅會塞進孩童口中，當孩童結束領聖體儀式後，馬上就會在祭壇上被斬首。從身體割下來的頭顱，會趁著還在抽動時，放在大塊的黑色聖體麵餅上，接著被安置在有著怪異油燈發出火光的桌子上。不久驅魔儀式便開始了，要求惡魔借孩童之口發出訊息。國王害怕地提出問題，聲音卻小到沒人聽得見。後來從犧牲孩童的小小頭顱，傳出孱弱且完全不像人聲的奇妙聲音，用拉丁語說著『忍受壓迫』（Vim patior）這句話。一聽到這句話，國王領悟自己已經被地獄拋棄，全身顫慄充滿恐懼，手臂變得僵直不堪，他聲音沙啞地高聲大喊：『趕走那顆頭，別讓他靠過來！』直到最後斷氣，他都沒有再說出其他的話。周圍的人大家都相信，國王必定是受到先前被殺害的科利尼（Gaspard II de Coligny）將軍亡靈所擾，其實並非如此，讓國王內心備感恐懼的，並不是後悔這類含糊籠統的感受，而是生前見到的恐怖地獄和絕望。」

——《高等魔法之儀式》

順便介紹一下，這位科利尼將軍就是查理九世和凱薩琳·德·麥地奇企圖將新教徒趕盡殺絕，引發史上屈指可數的虐殺事件，聖巴托羅繆大屠殺（Massacre de la Saint－Barthélemy）的犧牲者之一。

進入十七世紀之後，黑彌撒悄悄深入那位聲名顯赫的太陽王——路易十四的宮廷之中，在權力薰心的放蕩貴族以及破戒教士之間蔚為流行。格外著名的妖術師，就是在宮廷內接連發生的毒殺事件裡一直暗中活動，靈魂受到詛咒且十分可怕的七十一歲斜視老人——吉布神父（Étienne Guibourg）。這個惡毒神父在家中舉辦的邪門聚會，連路易十四的寵妾蒙特斯潘侯爵夫人（Marquise of Montespan）都會露臉，傳聞她會在黑彌撒之際，主動地一絲不掛當作彌撒臺。接下來在這部分，就引用朱爾斯·博瓦的文章為大家介紹這種惡魔崇拜的淫靡情景：

「已經全身赤裸的蒙特斯潘侯爵夫人，此時一躍而起，在那個棺柩上頭鋪有黑布的粗糙軟墊上橫躺下來，一臉高傲完全不覺羞恥。靠在枕上的頭向後一仰，撞到了傾倒的椅子。她雙腳伸直，腹部贅肉如小山般隆起，高過了乳房。女人的眼睛從黑色面具的孔洞發出閃閃光芒，直盯著祭司瞧，『吉布神父，怎麼了嗎？』她問，『你是害怕了嗎？還是喝醉了呢？不然是一個接著一個來找你懺悔的女人，吸乾了你的精力了嗎？』

不過吉布完全不為所動，他身著白衣、袈裟與手帶，斜視的眼中浮現貪婪之色：『妳這個傲慢的女人，給我乖乖躺好，安靜等待！我雖然七十歲了，幸虧飽食惡魔的料理，才能蒙受回春的奇蹟，使滿佈皺紋的身體恢復彈性。妳要相信基督與路西法的結合就好……。』

裸女再次沉默不言橫躺下來。鴉雀無聲的小屋中，只能聽見她用力喘息時，胸部和腹部不明顯的律動聲響。小餐巾被攤在這團隆起的贅肉上，十字架插進了兩個突起的渾圓乳房之間。聖杯擺在了臀部附近。

開始舉行彌撒時，祭司扭曲的嘴唇，親吻上抖動的肉體祭壇，祝聖的時刻將近。就在此時，門打開了，德．埃勒特（des Œillets）小姐走了進來，兩手間還抱著一個蠕動的東西。

『將活供品帶到這裡來！』祭司大喊。鬆綁後，口水從嘴巴滴到雪白肉體，在一片漆黑的房內，如同純潔無瑕的聖體麵餅一樣光輝耀眼，祭司手指間的刀子抖動不停。不一會兒，吉布便將幼小孩童懸在半空，喃喃細語吟誦著。

圖 29　吉布神父的黑彌撒

『我主耶穌基督，不會拒絕這孩兒來到祂的身邊。所以孩子啊，你就回歸主的身邊去吧！我身為主的祭司，恭喜你將藉由我手，回到主的身邊。』

當手起刀落，幼小孩童痛苦的頭顱忽然往前垂下，從傷口湧出的血水，便滴在如大浪般起伏的肉體祭壇，流到蒙特斯潘侯爵夫人的身體以及聖杯裡。蒙特斯潘侯爵夫人無力地將雙手往左右一攤，離開身體的雙手連同喘息的軀體，呈現出象徵淫猥的十字架形狀，雙手握著熊熊燃燒的燭臺，則象徵著十字架的釘子。不久後孩童像海綿一樣被擠乾鮮血，埃勒特小姐接下空洞的屍骸，再從他的腹部拔除臟腑。

吉布神父將聖杯中的血水與葡萄酒攪拌均勻後，一面說著『這將是我的肉，這將是我的血』，同時一飲而盡。蒙特斯潘侯爵夫人喝下後，混著血水的粉桃色液體，溢出到她的嘴巴周圍、胸部，甚至是腹部。」

——《惡魔學與魔法》

引用的內容大概就到此為止。總而言之，蒙特斯潘侯爵夫人會去參加吉布神父舉行的黑彌撒神祕儀式，據說是因為太陽王路易十四身邊有其他女人在爭風吃醋的關係。當時有一個名叫拉．瓦森（La Voisin）的女妖術師在巴黎名聲十分響亮，擅長調配毒藥及春藥的可怕魔法，藉此詛咒殺人，蒙特斯潘侯爵夫人就是在她的介紹下，前去拜訪了吉布神父，希望能重獲國王寵愛，請求神父幫她詛咒害死情敵拉瓦利埃爾（Louise de La Vallière）夫人。結果她順利從吉布神父手中得到春藥，據說隔天便重奪國王的寵愛了。

蒙特斯潘侯爵夫人取得的春藥，是用經血、指甲剪下來的碎片、地下墓地的泥土以及腐敗成老鼠顏色的葡萄酒混合而成，即所謂「妖魔的藥丸」。其實魔法師調製的毒藥及春藥，自中世紀以來大部分都是使用經血及精液，理由承前所述，因為基督教異教的阿爾比派認為生殖器的分泌物具有邪門魔力，十分汙穢才會多所迴避。生殖行為會將人類禁錮在肉體的牢籠之中，所以是令人憎恨的行為。天國的亞當和夏娃有了肉體連結後，才會永遠墮入實體之中。所以阿爾比派這群人為了讓人類再度昇華到靈性存在（Adam Kadmon，又作原人亞當），須自行切除陰莖，立志完全禁欲。這樣的思想，在中世紀以後殘留在魔法信仰中連綿不斷，人類體液被視為惡魔之物。

黑彌撒中以人肉作供品時，尤其是殺害幼小孩童及處女的儀式，終究與阿爾比派顛倒錯亂的純潔思想有著密切關係。那是對純潔及處女充滿嫉妒的憎惡心態，年輕犧牲者的鮮血，是為了抵銷崇拜魔神的罪而獻給善神的供品。所以吉布神父在殺害孩童之前，還是不忘歌頌耶穌基督之名。誠如前文所述，近代的黑魔法與善惡二元論有著密不可分的關係，所以如祆教中的阿胡拉·馬茲達（Ahura Mazda）和阿里曼（Ahriman），還有基督教中的路西法和阿多尼（Adonai），就像善神與惡神的對立，因此舉行黑彌撒的妖術師，可說是兩邊各自討好。也就是說，瀆神與純潔思想不過是同根長出的二根分枝，所以舉凡薩德侯爵（Marquis de Sade）、波特萊爾及於斯曼這些惡魔主義者，以及在虐待狂的精神世界裡，都是一體兩面不足為奇。

來到十八、十九世紀之後，熱衷惡魔崇拜的人數大減，儘管如此，在一八四七年成立分派教會的德雷維特神父（Abbe Drevet），以及一八四〇年左右在鄰近諾曼第大區康城瑟萊河畔蒂利成立卡梅洛慈善會的尤金．文特拉斯（Eugène Vintras）等例子，教會還是將他們的活動聯想成惡魔崇拜而加以鎮壓。

文特拉斯是個古怪的男人，信奉聖母瑪利亞的處女懷胎，而且在七月革命後，公開支持自稱路易十七世，結黨連群的騙徒鐘錶匠卡爾．威廉．納翁多夫（Karl Wilhelm Naundorff），並在眾多證人面前，使出各種奇蹟。傳聞當他一祈禱，身體便散發出馥郁芳香，並從地面上輕飄升起。當他的手碰到空聖杯後，轉眼間葡萄酒便滿溢而出，等他登上祭壇時，映著血字及心臟形狀的聖體麵餅便從他的腳印中冒出來。醫生對此進行分析後，發現是不折不扣的人血。當時記錄這些事蹟的文章，以及有關黑彌撒的訴訟記錄，皆以文特拉斯文庫之名保存下來，據悉於斯曼更在撰寫小說《彼方》[1]時，參考了這些文獻資料。

一八七五年八月，文特拉斯前往布魯塞爾，後來結交了自稱是他後繼者的約瑟夫博士，也就是博倫神父（Antoine Boullan），據說當時博倫神父曾求文特拉斯給他一塊奇蹟的聖體麵餅。

文特拉斯為里昂卡梅洛會的黑彌撒奠定下基礎，朱爾斯．博瓦對此做了以下的描述：

「惡魔教會的牆壁上，畫滿了讚美殺人、冒瀆以及虛幻之愛這類奇怪的壁畫。祭壇上的雕像，就像醜陋的惡魔與好色的異教女神合體，呈現惹人厭惡的怪誕景象。正殿周圍畫著一言不語的殘缺者列隊、陰莖像及陰部像、一群像白痴的天使、駝背的殉教者、肚破腸流的祭司、乳房乾癟如黑色皮囊的阿斯塔蒂女神（Astarte）、頭部如大象般肥胖又油亮的阿波羅，以及長著驢耳朵的醜陋基督被釘在十字架造型的黑色陰莖像上等圖畫。

多達七十名女子，分別坐在冒出蒸氣的銅製香爐前。香爐裡是天仙子、烏頭、顛茄、芸香與杜松子這類會使人流產的可怕毒草。不久後，魔王撒旦以下的惡魔一族，包含巴力西卜、亞斯她錄、阿斯摩太、彼列、摩洛及貝爾菲格就會出現在濃煙之中，使得已經開始表現出狂亂徵兆的信徒，出現更激烈的感覺以及明顯的幻覺。

登上祭壇的祭司一絲不掛。祭壇上有一頭臉長得像人類的山羊。祭司打開掛鎖的箱子後，取出了聖體麵餅獻給山羊。結果山羊朝著祭司大聲申斥：『你這下流鬼，快穿上衣服！』原來山羊是人類假扮的。

祭司身穿的彌撒禮服，隨意畫滿了謎樣般的象形文字以及淫猥的寓意畫，沾上了黏糊糊的精液髒汙不已。祭司用含混不清的聲音讀《聖經》時，山羊直接站在祭壇上，非常開心地扭動身體，發出大量惡臭，等到祭司在祝聖儀式中拿出麵餅和葡萄酒後，才急忙從祭壇跳下來，消失在煙霧之中。語言變成肉體的瞬間放射出來的力量威力強大，惡魔拖拖拉拉的話，就會化為粉塵。

但是當基督被封鎖在麵餅和葡萄酒中，祭司一說完『這將是我的肉』之後，山羊馬上就會再次現身，頂著醜陋的臉靠近祭司，伸出紅色舌頭，一邊用地力口吐臭氣，一邊命令祭司：『你這下流鬼，快給我聖體麵餅！』然後祭司就會小心翼翼地遞上聖體麵餅，等山羊用銳爪夾住這些聖體之後，會嗅一嗅臭味，在身體上使勁摩擦，再用唾液沾濕，最後淋上大小便，雀躍地高聲叫嚷：『終於抓到你這個畜生了！為了愚蠢的人類之愛，竟然鑽進這種麵團中，你這是自作自受，你看你再也逃不了了，你的祭司早就出賣你了。你的犧牲不會讓你升天，只會使你墮落。說什麼要拯救全人類，不就是你害人類身處在比地獄更痛苦的境界嗎？』

話一說完，山羊將噁心的聖體麵餅高高舉起，對著信徒說：『你們拿去分吧！』便丟了出去。轉眼間，香爐從信徒痙攣的手中摔落，眾人在煙霧濛濛之中推來擠去，不停扭打在一起，瘋狂地爭奪聖體麵餅。他們又親又咬，還用指甲抓搔，這時會發出痛苦和快樂的呻吟聲，衣物盡破，堂內搖身一變宛如淫靡的肉體戰場。」

——《惡魔學與魔法》

文特拉斯主張，黑彌撒就是代表惡的山羊，在對代表善的小羊進行偉大的犧牲，嘗試將權力定位在邪惡的一方。基督是因為邪惡權力而被殺害，所以這樣的想法，可說是在試著重現基督的犧牲。這是為了宗教祭祀、用於詛咒，在所有時代所有民族間，都會舉行這種類似黑彌撒的殺人儀式，根本不必等待文特拉斯做解釋，歷史事實皆已證實。只不過到了近代之後，民眾不會再公開聚在一起舉行，所以最後才不得不演變成密室犯罪的淒慘模式。

圖30　文特拉斯的黑彌撒

例如古代腓尼基人的巴力神、閃族人的摩洛神，以及希臘人在戴歐尼修斯（Dionysos）祭典等場合上，經常會舉行將孩童獻給魔神的儀式，就連古代日耳曼人的德魯伊教、墨西哥的阿茲特克族，以及猶加敦半島的馬雅人，這些崇拜太陽的農耕民族，也會將男男女女的活供品，獻給他們各自的神。另外印度還有一個名叫「圖基教」（Thuggee）的祕密犯罪組織，算是作風詭異的宗教團體，為了殘忍的破壞邪神迦梨（kālī），直到近年來被英國政府驅逐之前，一直在都大肆殘害人命。

一般在舉行儀式時的殺人動機，大致可分成兩類，其一是配合召喚惡靈的咒語而殺人，其二是為了敬拜魔神才直接殺人。

《聖經利未記》是古代用來禁止黑彌撒的法典，文中載明，「血中有生命，因此能用來贖罪。汝等都不可以嗜血」，或許從這部分的內容，衍生出了人類鮮血構成生命核心的原理。然而就是這類禁忌信仰的存在，相信盜取人血就能同時捕獲這個活人的靈魂，所以為了召喚惡魔才會如此殘忍地殺害人命，這種情形自古至今在各式黑彌撒中，其實都祕而不宣，且頻繁地進行著。

書目註記

1. Là—Bas, Joris—Karl Huysmans, 1891.

圖31　邪神摩洛

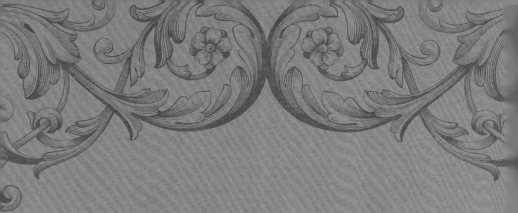

第　八　部

自然魔法

圖32　將人變成馬的魔法燈

發掘隱藏在自然界植物及岩石中神祕力量的學問，稱作「自然魔法」。從弗雷澤的《金枝》[1]就能明瞭，這與原始宗教的圖騰崇拜（Totemism）以及拜物教（Fetishism）都有關係，這在古代民族間是廣泛常見的普遍趨勢，本章節將特別針對自古以來與自然魔法有關係，並奠定下獨特體系的幾位著名魔法師為大家介紹一下。

十三世紀經院哲學的巨頭艾爾伯圖斯．麥格努斯（Albertus Magnus，又作大阿爾伯特，一一九三－一二八〇年），是當代道明會修道士中首屈一指的大學者，素有全能博士（Doctor Universalis）之稱。他會以科學的角度，進行各式各樣的實驗觀察以解決問題。舉例來說，古人相信駝鳥會吃火，但是他在觀察駝鳥之後，果斷且條理分明地做出正確判斷，「駝鳥會吃火並非事實，駝鳥雖然會吃石頭，但是絕對不會吃火」。只不過，如此重視實驗的理性主義派學者，同時也固執己見對魔法帶來的奇蹟堅信不疑，所以說起來也實在很不可思議。

可是艾爾伯圖斯相信的並非後代口中來自邪惡力量的黑魔力，而是來自大自然善的力量造就的奇蹟，即所謂「自然魔法」。

十二世紀之後，歐洲與亞洲經由西班牙開始有所接觸，有關亞里斯多德以及荷米斯文學（煉金術）的阿拉伯文獻也陸續引入。一般認為，艾爾伯圖斯同樣深受這些異教思想所影響，才會相信源自經驗與神祕力量的自然魔法。原本以阿拉伯人古斯塔．伊本．盧卡（Qusta ibn Luqa）為首的亞歷山卓末期荷米斯學者便認為，植物及寶石當中具有引發各種奇蹟的力量，還能用來製作春藥、治癒疾病以及預言未來。艾爾伯圖斯成長於講求秩序的中世紀基督教會，所以當然不會正面稱揚古代異教的魔法，不過他在眾多著作中堅信描述的觀點，與古代迦勒底人、埃及人及波斯人所實行的魔法，幾乎是如出一轍的神祕學原理。

來到十七世紀之後，據說在歐洲鄉間廣泛流傳，妖術師爭相研讀的，就是《大阿爾伯特》或是《小阿爾伯特》這類作者不詳的魔法書。這些書與艾爾伯圖斯・麥格努斯沒有一點關係，但是連後世怪異的魔法書都會以此為書名，可見他身為魔法師的名聲有多麼響亮。

關於艾爾伯圖斯的神祕傳說眾說紛紜。有一次，他在科隆的修道院裡招待了荷蘭公爵威廉二世，當時正逢寒冬，大雪紛飛，他卻打算在修道院的庭院設宴。公爵一行人蒞臨時，桌上積了厚厚一層雪。但是當眾人走出庭院坐下之後，積雪便瞬間消失，庭院樹木群花綻放，宛如春天一般開始出現鳥叫聲。這群荷蘭貴族瞠目結舌，對於這位大學者愈發興起敬畏之心。

第二個傳說，是艾爾伯圖斯製造出自動人偶。這個人偶的外型像人類，身體各部分會在特殊行星影響下自行動起來，還會說人話。人偶被當成艾爾伯圖斯的男傭，工作得很勤快，只是話多了些，妨礙到艾爾伯圖斯用功讀書的弟子湯瑪斯・阿奎那（St. Thomas Aquinas），聽說有一次惹得他大發雷霆，便將這個聒噪的自動人偶給砸了。

接下來就從艾爾伯圖斯著作的《植物以及寶石的神奇效力》[2]這本小書中，引用部分內容。

「香水草（Heliotrope）——這種植物的名稱，由希臘語中的太陽「helios」與變化「trope」此二字所組成。這種花近似太陽，才因此命名。假如你在八月正中採摘這種花，與狼牙一起用月桂樹葉片包起來，好好地隨身攜帶的話，就沒有人敢說你壞話或是中傷你。如果睡覺時放在枕頭下，你就能（在夢中）看見潛入你家的小偷長哪副模樣；假使藏在教會裡，瞞著丈夫搞外遇的妻子，則再也無法走出教會一步。」

「咬人貓（Nettle）——將咬人貓和金魚藻一起握在手中之後，無論遇到怎樣的幽靈，你都完全不會感到害怕。將咬人貓與蛇紋木（snakewood）的汁液混合，擦在雙手之後，再將剩餘汁液倒進水裡扔掉，就能輕易地徒手抓到魚。」

「白屈菜（Greater celandine）——將這種植物與鼹鼠心臟一起放在病人枕邊，如果這個病人的命運難逃一死，他會放聲高歌；如果這個病人注定痊癒，將會淚如雨下。」

「玫瑰——將這種花朵的果實、芥菜子的果實和黃鼠狼的腳一起吊在樹上，那棵樹將不再結出果實。若將這些混合物放在乾枯的高麗菜旁，二天後菜將恢復生機。若再將玫瑰放在發出火光的油燈邊，在場的人看起來都會像惡魔一樣。」

「一串紅（Salvia splendens）——將這種植物放入小玻璃瓶內，澆上肥料之後，就會產生類似蟲或鳥的生物，而且這種鳥的尾巴就像斑點鶇一樣。若將這種生物的血擦在某個人的胃部，這個人將失去知覺兩週以上。將這種蟲燒死後，再將灰燼丟進火裡，馬上就能聽見轟雷貫耳。如果將這些灰燼放入油燈裡，將會於屋內見到蛇在扭動身軀。」

「磁石——假如男人想知道妻子是否堅貞，可以拿鐵色磁石的石塊放在妻子頭部下方。倘若妻子保有貞潔的話，就會擁抱丈夫，反之則會立刻逃離開床。」

「祖母綠——欲成賢者、積累財富及預知未來的人，須手持透明閃耀的祖母綠寶石。黃色寶石為最上品，往往可在獅鷲的巢穴中尋得。將這種寶石帶在身上，將會才氣無雙、記憶力超群；含在舌下的話，將產生預言能力。」

「紫水晶——持有這種紫色的水晶，能讓頭腦清晰，絕對不會喝醉。極上品的紫水晶產自印度。想要醒酒、養足精神鑽研學問，沒有其他寶石的效果能夠比得上紫水晶。」

「縞瑪瑙——想讓對方難受、害怕或引發內心糾結的人，須擁有黑色的縞瑪瑙。極上品產自阿拉伯，摻有大量白色細紋。如果將縞瑪瑙掛在某人的脖子或是戴在手指上，這個人會立刻陷入憂鬱，容易感到害怕；晚上會做可怕的惡夢，與友人不睦。」

「珊瑚——想讓暴風雨平息渡過大河的人，最好持有珊瑚。珊瑚有紅有白，而且經實驗證實珊瑚還能用來止血。隨身攜帶珊瑚的人，會知理而做事謹慎。遇到暴風雨或是在海上遭遇危險時，珊瑚都能發揮顯著效果趨吉避凶。」

「尿淋瀝（Stranguria）——結束這些論述之前，要告訴大家一個驚天祕密。在獨角獸頭中發現到的白色奇石，就是能治療醫生俗稱尿淋瀝疾病的特效藥。有排尿困難的人、染上瘧疾的人，靠尿淋瀝就能痊癒。若是孕婦帶在身上，保證不會受傷。」

以上是艾爾伯圖斯所著魔法書中的摘錄，由此可知，人們認為寶石中存在大自然形成的純粹神祕力量，人類無法干預。這樣的論點後來發展成各式各樣的技巧魔法，例如中世紀以後開始盛行的護身符（Talisman）、幸運指環、勳章，或是反映大自然的骨相學及手相學。但是接下來繼中世紀的艾爾伯圖斯之後，想在本章節為大家介紹的，是文藝復興時期搏得盛名的自然魔法巨匠吉安巴蒂斯塔．德拉．波爾塔（Giovanni Battista Della Porta，一五三八－一六一五）。

波爾塔是拿坡里的天才醫生，年輕時周遊西班牙、法國等歐洲各地，與當時的魔法師有來往，並在一五六〇年，於拿坡里成立名為「大自然奧祕學院」（Academia Secretorum Naturae）的奇妙研究所。這個研究所看似邪門異教，引起羅馬教宗保祿五世的警戒，下令立即關閉。於是波爾塔前往羅馬，詳細說明學院從事哪些研究活動之後，教廷這才首肯，允許重啟活動。

波爾塔承繼了中世紀首屈一指的阿拉伯學者阿諾德・諾瓦（Arnaldus de Villa Nova）的實驗精神，不僅發明了許多光學儀器，還在暗室裡裝上巨大鏡片，製造出一種暗箱裝置，所以也被稱之為攝影術之父。他在晚年時蒐集奇珍的動植物和礦物，還在自家庭院栽培產自外國的奇特植物。據說到拿坡里旅行的人，回程前都會去參觀波爾塔這間奇幻迷離的博物館，與充滿異國風情的庭園。

有趣的是，這位對大自然奧祕著迷不已的學者波爾塔，卻是應用類推法，來彙整出他獨創的骨相學系統。類推法簡單來說，就是假設某個人與某個動物（或是植物）相似時，這個人和這個動物（或是植物）的性格也會相似。一個人的氣質（與體液學說相關，可分成多血質、抑鬱質、膽汁質與黏液質），也包含在天地萬物之中，就連乍看之下毫無關係的東西裡頭，仔細觀察也能發現具有相同的性格，這就是所謂的類推法。

舉例來說，外形象鹿角的樹枝，具有與鹿相同的性格（參閱圖33）。長著牛臉的男人，就會擁有倔强、怠惰與易怒的個性（參閱圖34）。長得像駝鳥的人，就是膽小、做作而且抗壓性差的人。像豬一樣的男人，完全像隻豬一樣貪吃，懶散又小氣，不愛乾淨還很愚昧。臉長得像獅子的男人，勇氣十足，品格清高。長得像羊的男人，則是彬彬有禮，不會堅持己見。諸如此類，大致上就是如此。

圖33　動物與植物相似

圖34　牛臉男

波爾塔原本就是名醫生，大概就是因為這樣，才有機會比較各種患者的性格及容貌以進行研究，提出如此異想天開的學說。包含帕拉塞爾蘇斯、安布魯瓦茲．帕雷（Ambroise Paré）在內，許多醫生在科學的黎明期，都為引領文化起了很大的作用。

波爾塔的著作名為《人相學》[3]，在全歐洲掀起了不尋常的反響，並在威尼斯、漢諾威、布魯塞爾、萊登這些當時的文化中心，不斷地再版。後來瑞士出現了一名深受波爾塔骨相學影響的著名哲學家，就是讓歌德、巴爾札克（Honoré de Balzac）都敬服的十八世紀神祕思想家約翰．卡斯帕拉瓦特爾。他引用了波爾塔的牛臉男圖片，憤慨地寫道，「從幾百萬人群中，也找不到第二個長得這麼像牛的男人吧？假使有一個這樣的男人，也會比牛優秀許多！」

就像羅馬的博物學家老普林尼（Gaius Plinius Secundus）一樣，吉安巴蒂斯塔．德拉．波爾塔也是根據古書記載，才提出了引力與斥力的論點，認為自然界某些物質會彼此吸引，某些物質會相互排斥。波爾塔在《自然魔法》[4]這本書中，便利用「不愉快」以及「協調」這些用詞來說明這二個原理。

按照作者的說法，為大家舉一個淺顯易懂的例子，譬如被綁在無花果樹下的牛，不管有多凶暴，都會馬上變乖巧。因為無花果會與牛相互吸引，產生某種共鳴。加入無花果葉一同烹煮的牛肉，一下子就能煮得軟爛，也是同樣的道理，這點在東方賢人瑣羅亞斯德（Zoroaster）的書中都有詳細記載。（雖然不知真偽，不過波爾塔就是這麼說的。）所以要馴服惡牛，餵無花果榨出來的汁液給牛喝就行了。

在波爾塔的《自然魔法》一書中，還有介紹其他許多奇蹟案例。例如有讓物質腐爛後自然生成動物的方法、（艾爾伯圖斯的著作中，也有類似的案例。）製造人造寶石的方法、讓人類二十四小時精神錯亂的方法、用毒茄蔘使對方睡著的方法、用蠶豆加上洋蔥及蒜頭讓對方做好夢或惡夢的方法，其他還有製造煙火的方法，以及釣魚的方法等等，族繁不及備載。

但是其中最不尋常的，就是教人用魔法燈產生幻覺，讓人看到毛骨悚然的馬。大家還記得嗎？在艾爾伯圖斯的書中，也曾提到將藥草扔進油燈裡，就會見到惡鬼幻影的方法。波爾塔在書中提到下述內容：

「古代哲學家阿奈克西拉奧斯（Anaxilas）有一段著實有趣的故事，他十分樂於用蠟燭芯及蠟燭殘骸，讓人產生錯覺，將人臉變成像妖怪一樣。不過這種事對我們來說是輕而易舉。比方說，取來母馬身上剛和種馬交配後的有毒分泌物，放進新油燈裡點燃即可，在場的人臉部一定會立刻變成像馬臉一樣。雖然我沒有做過實驗，並無法斷言，不過我認為這件事是真的。」

喬塞福．彼得魯奇（Gioseffo Petrucci）有一幅銅版畫（阿姆斯特丹，一六七七年）曾描繪過這種魔法景象，請大家仔細觀賞，簡直就像是格列佛遊記中去到慧駰國一樣（參閱圖32）。

圖35　用占卜棒發掘礦脈

接下來再為大家介紹自然魔法的另一面，時間將穿越到十八世紀末期，馳名當世的「占卜棒」相關爭論。

放眼古代，會使用棒、箭與杖作為占卜工具，即便到了近代，人們還是會使用這些神祕工具，探尋地下的礦脈、煤炭層或礦泉等等。當然近代有許多學者，對於這種占卜棒的效力抱持著懷疑的態度，不過其中還是有傑蘭．力加這類有力學者認同占卜棒的可信度，所以問題就變得更加棘手了。

一五七一年格奧爾格．阿格里科拉（Georgius Agricola）在法蘭克福出版的《論礦冶》[5]這本古書中，記載著用這種占卜棒成功找到礦脈的事實，甚至有木版畫的古拙插畫描繪出礦坑的現場（參閱圖35）。二名占卜師拿著雙叉的占卜棒緩緩而行，站在一旁觀察的二名測量技師正用手指著占卜棒指示的地點。阿格里科拉用占卜師在現場念誦的魔法咒語，說明了占卜棒的用法，十七世紀的耶穌會修道士基爾學（Athanasius Kircher），也承襲了這項說法。

另外在一六九二年，蒙彼利埃一名叫作皮埃爾．加尼耶（Pierre Garnier）的醫生，呈報了令人難以置信且不可思議的事實。有名多菲內的百姓傑克．埃馬爾，他用占卜棒尋找小偷及殺人犯的下落，結果都能找到人。有一次，里昂一家酒館的夫妻慘遭殺害，當傑克．埃馬爾一走進發生殺人案件的酒倉，占卜棒立刻發生劇烈震動，直接照著占卜棒指引的方向追尋犯人的行蹤之後，來到了一家旅館，這裡就是幾天前犯人曾經留宿的地方，接著占卜棒指著犯人碰過的酒瓶。追到南法之後，終於在博歐凱耶爾監獄前停了下來，占卜棒暗示犯人就在監獄裡。沒想到事實果真如此，犯人只好認罪，終於坦承犯行。

在《神祕物理學暨占卜杖相關論述》[6]一書中，瓦萊蒙神父（Abbé de Vallemont）試圖用科學的角度解析這種神祕現象。依照他的說法，這類乍看不可思議的自然現象，同樣也是基本粒子運作下的結果。

「粒子在握著占卜棒的手中，會進行發散作用。也就是說，地下水及礦脈會促進粒子的放射，而逃亡的殺人犯讓粒子呈一直線流露出來，因此這些粒子才會引發占卜棒的反作用力。」

據悉瓦萊蒙神父就是依此進行科學性的說明，但是我們卻完全不知所云。像這種「粒子的哲學」，雖然算是低俗的魔法，不過大家還是公認寶石中具有醫學方面的療效，相信人體會放射出物質特性的光線，范．海爾蒙特（Jan Baptist van Helmont）一派古老自然魔法學說的頹廢苟存，是不容質疑的。

寶石神奇療效的應用案例，可參考方才提過的波爾塔的《自然魔法》一書，不過在更早之前，中世紀的女先知赫德嘉．馮．賓根（Hildegard of Bingen）就已經實際運用過，傳聞她會利用刻有十字架符號的寶石及麵餅為病人治療。

波爾塔對於青金石（alectorius）這種完全不為人知的寶石，斬釘截鐵地表示，「假如這是從四年前去勢的公雞腹中出現，或是從母雞胃裡取出的話，持有這個寶石的人將會得到無比的力量。」艾爾伯圖斯也有提到相同的主張。而且依照波爾塔的說法，「紅瑪瑙可治癒罹患花柳病的婦人；鋯石可作為解毒劑；黃玉可矯正色情狂；綠松石治療憂鬱症及心臟衰弱十分有效；祖母綠掛在脖子上能預防癲癇，而且隨身攜帶祖母綠的人只要一失去童貞，寶石就會馬上一分為二。」

——引用自於斯曼的《彼方》

十八世紀後半，巴黎出現了一個自稱治療醫學專家的男騙子，倡導所謂的動物磁流學說，這個人就是來自德國的法蘭茲．安東．梅斯梅爾（Friedrich Anton Mesmer，一七三四—一八一五）。他認為從天空發出的能量，可以儲存在類似蓄電池的設備裡，只要將這種能量導入病人體內，病人肯定能恢復健康。而且將強大能量積蓄在體內的人，只要能自由控制這些磁流，屆時將手放在病人頭上，即可將自己的能量注入病人體內。

在梅斯梅爾豪奢的屋內，放著一個巨大桶子，他就是用這個來當作蓄電池。桶子呈圓柱形，裡頭以放射狀的方式排放著許多瓶子，設計原理是將所有能量導入，儲存在中央的大瓶子內。瓶中裝滿了磁力水、玻璃粉與金屬屑。蓄電池上有蓋子，還有幾根鐵棒及導線從蓋子的地方朝外伸出來。

因此病人得抓著這些鐵棒接受磁力療法，在機器周圍，則備有病人專用的舒適椅子。治療期間，小型管弦樂隊會演奏音樂，設備齊全十分舒適，完全沒有醫院陰沉的氣息。喜好奢華的梅斯梅爾，還用昂貴繪畫、華麗的洛可可式時鐘與水晶玻璃藝術品裝點屋內。他談笑風生，和藹可親，身段柔軟，以致於全巴黎上至貴婦公子，下至貧民百姓都爭先恐後前來找他治病。雖然巴黎的醫學學術院妒忌他的成功，不過梅斯梅爾受到路易十六的保護，因此也拿他沒轍。

只是梅斯梅爾最後還是面臨被時代潮流遺棄的命運。梅斯梅爾有一名極度熱情的信徒，就是著名的埃及學者庫爾．德．格貝林，他在梅斯梅爾屋內的大桶子前接受治療時，居然暴斃猝死了，這下子秋後算帳的日子到了。在現在這個時代，並不會因為一、二個病患去世，就對醫生或醫學投以不信任或猜疑的眼光，但在十八世紀的巴黎，事情可就不是如此了。梅斯梅爾慘遭薄情的巴黎民眾驅逐，離開了法國，晚年在英國孤單生活，後來回到出生地德國，結束了一生。

書目註記

1. The golden bough, Frazer, 1922.
2. De Lapidibus Pretiosis et Eorum Virtutibus, Albertus Magnus, 13th C.
3. De humana physiognomonia, Giovanni Battista Della Porta, 1586.
4. Magiae naturalis. Liber 1－7. German, Giovanni Battista Della Porta, 1680.
5. De re Metallica, Georgius Agricola, 1571.
6. La Physique Occulte: Ou Traite De La Baguette Divinatoire, Abbé de Vallemont, 1693.

第九部

星位與預言

圖36　占星師，引用自羅伯特．弗拉德的著作

有一次，我粗手粗腳打開剛從法國寄來的舊書包裹，拿起很大一本發出餿臭味的真皮封面書籍後，從書頁中掉下了薄薄一頁被蟲蛀滿洞的小冊子。我心裡納悶著，不記得自己有訂過這本書，結果一看封面，上頭寫著「法國氣象學會會員V・羅素夫人寄給馬賽醫院院長S博長，關於霍亂的書函」，出版於一八六八年，並不會太古老。

恐怕是偶然被夾進古書內頁裡，但是不知道什麼緣故，就這樣被送到我這裡來了。篇幅不多，迅速翻閱過後，發現裡頭的內容是對占星學瘋狂著迷的老太太，歸結疾病發生原因全在於天文學，於是才會向醫院的醫生提出她滔滔不絕的論證。這位相當博學的老太太，在炫耀自己對於帕拉塞爾蘇斯學派星辰醫學論的造詣高深，意氣飛揚。看來公開的小冊子是自費出版的，這單純是出自她善意的論戰，希望醫院方面能納入參考，至於醫院方面是否有尊重她的意見，這方面便不得而知了。

現在要逐一介紹這封信的內容會過於繁瑣，在此省略，不過藉此可以了解，占星學的信仰是如何廣泛滲透到歐洲人民的心中。話說回來，究竟何謂占星學呢？

所謂的占星學，可將宇宙比喻成一個精密的時鐘，而占星學就是用來發現天界齒輪裝置轉動法則的祕法。這個時鐘上的錶盤，亦即鑲嵌上群星的天球，因此最重要的就是觀察星星如何運行。天界雖有一成不變的秩序，人類的命運卻看似變化無常，但是果真如此嗎？人類的命運其實也和宇宙的齒輪裝置存在微妙關係，無論生死，都像時鐘一樣十分正確，且按照數學公式事先決定好了嗎？——這就是占星學理論成立的第一步。

然而，以數學公式計算星象運行的方法，與文明起源同樣古老。舉凡迦勒底人、埃及人、亞述人、希臘人或波斯人，大家在這點上都是精明的數學家。他們不但沒有計算機，也沒有望遠鏡，卻已經發現了許多重要的天文學現象。眼鐘最早在十七世紀初期才出現，開始普遍使用望遠鏡則是一六六三年的事，如此看來，亞歷山卓托勒密（Claudius Ptolemaeus）那拙劣的天體圖，我們必須投以敬服的眼神才行。

文藝復興時期的天文學者也很令人驚豔，他們單靠尺規觀察星象，埋首研究高度的理論，當然當時還是用肉眼在觀測。包含哥白尼以及第谷・布拉赫（Tycho Brahe）的實績，也是在這樣的環境下促成。我們往往會想像哥白尼在操作望遠鏡的情景，這卻是現代人在歷史演變中會犯上的錯覺。

所以十九世紀陷入這種錯覺的畫家，在想像中世紀占星學家的肖像進行描繪時，神祕的畫像中動不動就會加上巨大的天體望遠鏡，或是其他非常不可思議的器具，企圖精心營造額外的氛圍，展現古老的神祕感，卻反而露出了馬腳。科蘭・戴・布蘭西在《地獄辭典》[1]一書中穿插的諾斯特拉達穆斯的肖像畫（參閱圖37），就是其中一例。

圖 37　諾斯特拉達穆斯的肖像，繪於十九世紀

在這張圖畫中，十六世紀首屈一指的預言家諾斯特拉達穆斯戴著奇妙的尖帽，穿著寬鬆袖子的衣服，可是當時的占星學家，絕對不會打扮成這副魔術師般的奇裝異服，他應該是穿著類似當時大學教授那種儉樸單純的服裝。諾斯特拉達穆斯身旁，還擺著氣派的天體望遠鏡，當然這種東西在十六世紀當時不應該存在。

另外在十八世紀，還留有一幅諾斯特拉達穆斯肖像畫的銅版畫（參閱圖38），這幅畫比較接近真實人物。十六世紀占星學家的服裝，大致上照這樣去想像就不會有錯了。同理可證，著名占星家威廉．李利（William Lilly）在肖像畫（倫敦，一六四七年）中穿著的黑色長袍，就是十七世紀中葉英國學者最具代表性的服裝。

另外在羅伯特．弗拉德的《兩宇宙的歷史》[2]一書中，有幅插圖是二名占星學者出現在觀測所裡的銅版畫（參閱圖36）。在這幅畫中，一把鬍子長得像聖誕老人一樣的占星學家，頭上戴著毛皮帽子據說是為了保護頭部，以免受到星象造成的磁力及氣流所影響。

特別值得一提的，是在這些古老圖畫中，完全沒有描繪到望遠鏡。容我重申，望遠鏡在一六〇四年才由荷蘭人發明出來，直到伽利略第一次應用於天體觀測之前，從未在占星學及天文學領域登場過。

圖38　諾斯特拉達穆斯的肖像，繪於十八世紀。

在圖36與圖37中可以看到類似陀螺儀的球形器具，這是希臘天文學家設計出來的星盤(Astrolabe)，算是天體儀一種，器具的周圍畫有刻度，盤面配置天體運行軌跡，中心放置地球，隨著指針的轉動，就能得知天體的位置。說到渾天儀以外的器具，就只有羅盤、沙漏、十二區分圖和筆墨而已，十分有限。

當時天文學與占星學被混為一談，說明這點最佳的例子，就是號稱「天文學家之王」的第谷．布拉赫在哥本哈根大學演講時，曾經得意揚揚地提過源自巴比倫的古老占星術理論。第谷的論點如下所述：

「星象是否也會直接影響到人類呢？當然會。因為人類的身軀由四元素組成，所以當月亮與太陽處於不利的位置，火星開始攀升，土星坐落到黃道的第八宮時，生下來的嬰孩幾乎一定都是死胎。」

——阿瑞尼斯《宇宙的形成》3

如此可見第谷是固執的占星術信徒，所以他在某一次與人決鬥被削去鼻尖後，據說一下子就認命，相信這件事在他出生時，星象就已經預言了這樣的命運了。沒想到，占星術的也會在這種地方發揮效用……。

占星術的原理及方法，是由黃道十二宮與七行星所組成。十二宮還有一個別名，稱作黃道帶(Zodiac)。關於這些名稱與符號，已經在「性魔法」的部分提過了，忘記的人請自行參閱。

十二宮（黃道帶）是以黃道為中心，向南北延伸八度的區域，呈帶狀轉動的十二個星座群。當然，這個十二宮是以地球為中心觀察到的位置，將停留在天球上的恆星作適當分類而已，完全是想像出來的產物。主要的行星、月亮以及太陽，都是在這黃道帶內運行，不會超出帶外。例如土星的轉動速度非常慢，公轉週期約二十九年半，才會通過黃道帶的十二宮，也就是這麼久的時間才能繞行地球一周。火星約耗時六百八十天，太陽需一年時間，速度最快的月亮則是二十七天七小時四十三分五秒，就能同樣繞行地球周圍的黃道帶一周。總之簡單來說，這些行星會一直在固定時間通過黃道帶的某一宮，因此衍生出諸多預言說法。

每個行星，可以住在夜宮與日宮這兩個宮中，唯獨太陽和月亮只能住在一個宮裡。太陽住在獅子宮，月亮住在巨蟹宮。黃道帶被太陽與月亮一分為二，由月亮（夜宮）與太陽（日宮）各自支配六個星座。月亮支配的星座為水瓶宮、雙魚宮、白羊宮、金牛宮、雙子宮與巨蟹宮；太陽支配的星座為獅子宮、處女宮、天秤宮、天蠍宮、人馬宮與魔羯宮。

這就是占星學最基本的區分。重點在於，各行星進入各自的宮位時，將發揮強大的影響力。大家正好可以想成是麻將裡東南西北風產生的作用。

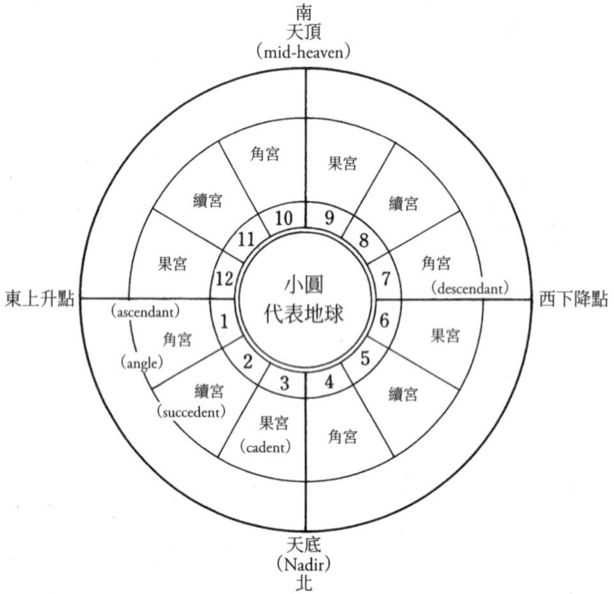
南
天頂
(mid-heaven)
東上升點
西下降點
天底
(Nadir)
北
小圓
代表地球
1
2
3
4
5
6
7
8
9
10
11
12
角宮
果宮
續宮
角宮
(descendant)
果宮
續宮
角宮
果宮
(cadent)
續宮
(succedent)
角宮
(angle)
(ascendant)
果宮
續宮

圖39　十二區分圖(1)

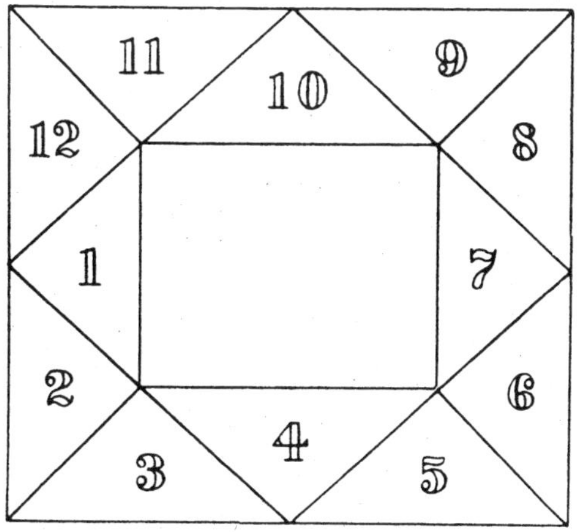

圖40　十二區分圖（2）

可是，事實卻更加複雜，因為各行星發揮最大力量的時候，並非進到各自本來宮位的時候，而是位於其他相位時。譬如太陽本來的宮位只有獅子宮，不過太陽最高升時卻是在白羊宮的時候（正確來說是白羊宮的十九度），而太陽最下降時正好是進入位在白羊宮對蹠點的天秤宮（正確來說是天秤宮的十九度）的時候。為什麼太陽的高升與下降會落在如此精準的度數上，沒有人知道原因。其他行星的高升與下降，也都是依照各自的傳統有著固定精準的度數。

透過日宮、夜宮、高升、下降等變化，占星學家歸納出十二星座與七行星之間的對應（Correspondence）原理，依據行星位於有利或不利的位置，加以判斷會出現好或不好的影響。如同每個行星有各自的特性，十二宮也分別具備特殊的效能。

占星學家自古便將黃道帶三六〇度均分成十二個部分，首先第一宮就是太陽到達東上升線（Ascendant）為止的部分，稱作「Horoscope」。這個名字後來被用來稱呼一般的星位，再進一步演變之後，成為「占星」的意思。與東上升線相對應的是西下降線（Descendant），與此線垂直交叉貫穿南北的，則是與南天頂和北天底連成的線。

第一宮是最重要的宮位，如果像土星這種凶星進入第一宮的話，頭部及臉上就會出現黑痣或傷痕等痕跡。第一宮在身體上會支配頭部與臉部，顯示出人類命運的輪廓。第二宮表示與生俱來的財富、財產及特權的狀態，在身體上會支配頸部與咽喉。就像這樣，從第一宮到第十二宮，占星學家可分別做出判斷，具體展現出種種人類生活的條件與身體上的位置。

圖39在古時候是像圖40這樣，用四角形構成的圖表展示出來。無論是在羅伯特·弗拉德書中的插畫裡，或是威廉·李利的肖像畫上，我們都見過這種十二區分圖。第一、第四、第七、第十宮分別稱作角宮，顧名思義形成正四角形的這四宮，就是基本的人生羅盤。第二、第五、第八、第十一宮分別稱作續宮，這四宮會顯示隸屬於角宮的命運。第三、第六、第九、第十二宮為表現內在價值的果宮，也稱作智慧宮，當行星進入這裡之後，將對人類的精神層面帶來影響。

除此之外，在判斷吉凶時還有一個很棘手的問題，就是要測量方位（Aspect），這會顯示出星座與星座之間的對應關係，不過在本章節終究無法將其全貌完全說明清楚。日本有出版一本門馬寬明著作的《占星學入門》（永岡書店），很適合大家參考看看，有興趣的人不妨細細研讀。看完之後，如果可以製成用來鑑定命運的「出生天宮圖」，剩下就只需要做出判斷即可，所以人人都可以成為占星學家。

先確認生辰星位再預測人類命運的方法，是自托勒密的《占星四書》[4]以來最普遍的作法，稱作「出生先天占星學」。另外還有更簡單的方法就是「日輪占星學」，近來美國等地流行的通俗占學星，大多由此而來。

不過在本章節會暫時省略這部分的實際作法，先將焦點放在史上最優秀占星學家、預言家，看看這些眾所皆知的人物有何特色。

米歇爾．德．諾特雷達姆（Michel de Nostredame）又稱作諾斯特拉達穆斯，一五〇三年出生於南法普羅旺斯的聖雷米，是位猶太人醫生，也是占星學家，更是當代首屈一指的預言家。雖說當時好不容易脫離黑暗的中世紀，可是法國在文藝復興時期仍處於一片混沌，魔法迷信以及預言占卜的花朵，詭異地在思想對立、宗教紊亂又疫病戰禍不斷的土地上綻放著。身為舊思想根據地的巴黎索邦神學院，正處於「製造異端者就像做蠟像一樣簡單」的時代。

由此可見，打著占星學家名號的人物，肯定比比皆是，唯有諾斯特拉達穆斯得以流芳後世，所有文學作品當中都有引用，足以說明他的聲名多麼顯赫。

歌德在《浮士德》裡也有寫道，「快逃吧，快逃向廣闊的世界去！這裡有諾斯特拉達穆斯親手著作傳授深奧祕法的書。只要有這本書，還不夠為你指引旅程嗎？」（鷗外譯）總而言之，諾斯特拉達穆斯的大名，不僅被視為所有魔道的先導，備受後世文學家歌頌，甚至被畫在民間的繪本上，流傳至今日。

誠如前文所述，法國國王亨利二世的王后凱薩琳．德．麥地奇對魔道非常熱衷，招攬許多占星師及方士入宮，在這些人當中還能見到妖術師羅明堅（Ruggieri），或是天文學家雷尼耶

（Regnier）這些人的面孔。尤其是雷尼耶，還請王后為他建造了天文臺，至今在巴黎的中央市場附近，仍留有天文臺的遺址。當時已經成為眾人注目焦點的諾斯特拉達穆斯，也和這群人一起被招攬入宮，受到王后極度信任，到了晚年一五六四年，還被授予「御醫」的稱號。

整件事的開端，要從王后想得知住在布盧瓦三個兒子的未來，於是將諾斯特拉達穆斯邀請到巴黎說起。當時諾斯特拉達穆斯預言，「三個兒子將登上一個寶座」。王后覺得奇怪，希望他再說明清楚一點，結果諾斯特拉達穆斯回說，「欲知一切真相會十分危險」。不管在什麼情況下，他都不加以明言，只會說些如謎題般的提示。

但是這個預言，後來如他所說的實現了。三個兒子就是後來的法蘭索瓦二世、查理九世及亨利三世，他們相繼坐上了同一個瓦盧瓦王朝的寶座……。

諾斯特拉達穆斯在宮廷內樹敵眾多，尤其當王后開始信任他之後，出現了妒嫉他以及為他擔心的人。只不過發生了一件事，讓所有對他預言能力抱持懷疑的人，都感到震驚不已，就是亨利二世的橫死。

諾斯特拉達穆斯在一五五五年出版的《百詩集，第一書》這本預言集中，於第三十五篇的四行詩留有下述充滿謎團的字句。

年輕獅戰勝老年人
於戰場上一對一戰鬥的結果
雙眼在黃金牢籠中刺穿
為求殘酷死去，兩傷合而為一

單憑這幾句不知所云，不過在四年後的一五五九年，亨利二世的意外死亡就像在為這首不可思議的詩句背書一般。

就在亨利二世的妹妹，瑪格麗特（Marguerite de Frances）與薩伏依公爵（Duché de Savoie）舉行結婚典禮之際，國王邀請了年輕的近衛隊長蒙哥馬利伯爵，還提出比武作為餘興活動。蒙哥馬利伯爵起初恭謹地謝絕了，但是最終還是不負國王懇請。於是就在比賽剛開始的時候，似乎是用力過猛，蒙哥馬利伯爵的長槍竟貫穿了國王的黃金盔甲，刺傷了國王的一隻眼睛，長槍甚至直達腦門，後來因為這樣，國王陷入昏迷狀態長達九天時間，沒多久便駕崩了。

不過故事還有後續，諾斯特拉達穆斯在《百詩集，第三書》第五十五篇的四行詩中，還有下述的記述。

獨眼君王統治法國一年期間
宮廷仍是一片混亂
普魯瓦的殿下殺害友人
災禍和疑惑同時籠罩整個王國

確實如此，獨眼國王去世後，法國王室開始走向淒慘的命運。三名王子正如諾斯特拉達穆斯的預言所言，登上了同一個寶座，可是三人卻用三種方式悲慘地死去。

首先是長子繼承父位，榮登王座的法蘭索瓦二世，他在即位一年後僅十六歲便告別人世。當時他人在教會，卻突然發起高燒感到痛苦難耐，後來竟昏死過去。接下來查理九世在十歲便登上王位，由母后凱薩琳．德．麥地奇攝政。可是她實在太在意諾斯特拉達穆斯在預言中提到的「一個寶座」，無計可施之下將兒子帶往南法因瘟疫而荒廢的薩隆，請教占星學家的意見。諾斯特拉達穆斯自一五四七年出差到薩隆防止瘟疫以來，一直打著醫生的招牌定居於此。預言者在這裡發出了哪些警告，便不得而知了。

無論如何，當時法國新舊教的對立終於白熱化，將王國一分為二的宗教動亂風暴排山倒海而來。在母后的指揮下，查理九世引發了血腥的「聖巴托羅繆大屠殺」，街頭巷尾彌漫著恐懼與怨恨的聲浪。

其中天生虛弱的查理九世，患上了原因不明的憂鬱症，後來年僅二十四歲便在母后的懷抱中死去。醫生說是肺病，但有傳聞是放血過度，因貧血而亡。說不定，他是被聖巴托羅繆大屠殺的冤魂給附體了。

最後一名王子登上王位後，成為了亨利三世。他是比母后更勝一籌的魔道愛好者，也是怪異的性倒錯者，曾經一身女裝打扮，有個外號叫作「索多瑪殿下」。他居住在萬塞訥宮殿，窩在塔裡，十分沉迷降靈術及黑彌撒，百姓甚至口聞相傳他的不祥謠言，所以亨利三世的政敵在宣傳手冊中，惡意敗露他異端又瀆神的行為。

亨利三世在布盧瓦召開三級會議（États généraux），並在這場會議上看準時機暗殺了政敵吉斯公爵（Henri de Guise），此事件甚至被拍成電影，算是十分有名的歷史一幕。吉斯公爵在最後被人用斧頭砍死了，所以應驗了「普魯瓦的殿下殺害友人」這句預言。當時國王未向母后商量便先斬後奏，凱薩琳震驚之餘，在三週後便撒手人寰。

後來巴黎內亂四起，開始討伐「暴君」。一五八九年，亨利三世包圍巴黎，道明會的一位修道士雅克·克萊門特（Jacques Clément）去向亨利三世請安時，冷不防刺殺了國王。

諾斯特拉達穆斯對於瓦盧瓦王朝命運的預言，終於就這樣完結了，完全就像精準設置的齒輪在推動著命運。

不過諾斯特拉達穆斯並不只會對他人做出預言，他在《百詩集》中，清楚預料了自己最後的命運，詩句如下述這樣吟唱著。

達成使命後，蒙受國王賞賜
已無事可做，只好奔赴神的身旁
近親、好友、同胞
將發現我死在臥榻與椅凳之間

一五六四年，他在生涯最後覲見了查理九世，當時查理九世封他為「王室顧問」及御醫。所謂的「國王賞賜」，大概就是指這個。

不久後諾斯特拉達穆斯飽受水腫之苦，步行困難，只能在臥榻與書桌的椅凳之間度日。

後來在一五六七年七月一日早晨，家人發現他就坐在書桌前去世了，享年六十三歲，死狀正如十年前自己寫下的四行詩一樣。

傳說中指出，他留下了龐大遺產，光現金就有三千四百四十四埃居*，這筆金額在當時可是會讓人頭昏眼花，而且他收到的全是優質的古金幣，實在叫人不得不稱他是個怪異至極的人物。

* Écu，法國古貨幣的一種。

書目註記

1. Dictionnaire infernal, Collin de Plancy, 1863.
2. Utriusque Cosmi Historia, Robert Fradd, 1617.
3. Lehrbuch der kosmischen physik, Svante August Arrhenius, 1903.
4. Tetrabiblos, Claudius Ptolemaeus, 11th C.

第十部

帕拉塞爾蘇斯

何蒙庫魯茲的誕生

圖41　沙羅曼達（火蜥蜴）

俺將灰色手套
恆久　恆久　浸在生命神液中
如荷米斯把持熔爐
於嚴冬早晨醒來一心嚮往煉金幻夢
夏日傍晚可比帕拉塞爾蘇斯方士
將鬼怪藏於短劍　大學者的憤怒馳騁於街頭巷尾

在此有幸欣賞這些古雅字句。其實這六行詩句，摘錄自堪稱日本惡魔學大前輩日夏耿之介所著之《黃眠帖》當中的詩篇，〈導人跪拜錄〉的其中一節。接下來將針對帕拉塞爾蘇斯多所著墨，因此一開始利用日本傑出惡魔主義者的詩句為題詞為章節開頭，是屬於我的巧思。

關於帕拉塞爾蘇斯，文中已數次片斷提及，他的本名十分冗長，叫作菲利普斯・奧里歐勒斯・德奧弗拉斯特・博姆巴斯茨・馮・霍恩海姆（Philippus Aureolus Theophrastus Bombastus von Hohenheim）。帕拉塞爾蘇斯這個俗稱，是將德語的霍恩海姆（Hohenheim）翻譯成拉丁語，由本人自己命名。據說帕拉塞爾蘇斯的父親，則是以從前備受尊敬的古希臘礦物學家泰奧弗拉斯托斯（Theophrastus）來為自己的兒子命名，他是十分知名的醫生。

帕拉塞爾蘇斯九歲時，父親決定從瑞士的艾因西德倫（Einsiedeln）舉家搬到奧地利的菲拉赫，這個地方是有名的礦區，有奧格斯堡富豪福格家族（Fugger）創立的礦山學校。起初他向斯彭海姆修道院長，名聲響亮的煉金師特里特米烏（Johannes Trithemius）拜師學習，順便在提洛爾礦山的實驗室裡工作。他從年輕時就學會煉金術以及礦物的化學變化過程，隨著年紀增長，他促使了神祕玄妙空中樓閣般的自然哲學之花盛開綻放，想必是受到德國北方地質環境的影響。後來諾瓦利斯（Novalis）能讓《藍花》[1]的幻想開花結果，也是因為相同環境的關係。

翻閱科學史或醫學史的書籍，一定會看到帕拉塞爾蘇斯的大名，而且通常會以文藝復興時期醫療化學（Iatrochemistry）創始者一名被廣泛提及。所謂的醫療化學，是用化學變化過程說明身體現象的醫學體系，「Iatro」在希臘語是醫學的意思。文藝復興的黎明可說是中世紀煉金術理論連結近代應用化學的過渡期，此時佇立在這裡的巨大黑影，正是這位天才帕拉塞爾蘇斯。

他不僅以醫生之姿在全歐洲博得名聲，同時也是名占星師、魔法師、神祕哲學家，還是名神學家，留下了龐大數量的著作，所以在古今的神祕學家當中，可說是最為複雜離奇且令人備感好奇的人物。

而且聽說他的吹牛功失真假難辨，行為舉止簡直像個騙徒，所以他的名字博姆巴斯茨，甚至在英文裡變成意指「誇大妄想狂」的名詞。（不相信的話請去翻閱英文辭典。）

圖42　帕拉塞爾蘇斯的肖像，希爾施富格爾（Augustin Hirschvogel）的畫作

接下來，先來解說一下本文開頭引用過，出自日夏耿之介的詩句。

話說「將鬼怪藏於短劍」指的是什麼呢？傳說中提到，帕拉塞爾蘇斯隨身帶有一把劍，劍柄上刻著「Azoth」這幾個字，劍裡封印了一隻惡魔，而且在護手處嵌有象牙容器，其中還裝著少量「哲人石」或鴉片酊劑。他會將惡魔送到合不來的對象身邊，遇到站在自己這邊的人，便送上公認是醫學萬能藥的「哲人石」。

在醫學史上，帕拉塞爾蘇斯首次成功運用水銀、銻及鋅這類金屬進行治療，這樣的神奇功效在百姓間造成轟動，或許才因此衍生出這些傳說。但是他將惡鬼當成左右手使喚，當然只是世俗之說，這點似乎是受到知名奧古斯丁．希爾施富格爾肖像畫的影響（參閱圖42）。

因為在希爾施富格爾所畫的肖像畫中，下方部位用拉丁語註記了帕拉塞爾蘇斯的金言，「一切的善來自天神，一切的惡來自魔鬼」。似乎在這些地方有形成傳說的空間，事實上，帕拉塞爾蘇斯的肖像畫手中幾乎都一定會持劍。

但是依照勒內．阿倫迪（René Allendy）博士的說法，帕拉塞爾蘇斯這把神祕的劍，具有更為象徵性的意義，接下來順便為大家說明一下。

帕拉塞爾蘇斯一生當中最值得關注的異常之處，就是完全找不到任何與女性來往的關係。因此在醫學上反對他的人以及他的敵人，都稱他是閹人或是同性戀，多所侮辱。有此一說，他自幼被豬吃掉了陰莖，導致性無能，不過這個說法不足為信。無論如何，顯然他的欲望已經昇華到知識的領域，阿倫迪博士將這段期間發生的事情，用他幼年時的經歷，也就是一種瘋狂的聖母情結來解釋。

帕拉塞爾蘇斯出生的地方，是瑞士著名的朝拜聖地艾因西德倫，這裡的教堂有座美麗的聖母像。因此他將這座美麗的聖母像，與他記憶中在年幼去世的母親融合在一起了。再加上他天生體弱，只顧著封閉在自己的世界裡，開始對男性的樂趣感到厭惡。

帕拉塞爾蘇斯似乎從小就有佝僂病的傾向，極為體弱多病。即便如此，他在青年時期還是擔任荷蘭軍醫勇赴戰場，所以在他晚年，將戰場上帶回來的這把長劍，視為個人戰鬥精神的象徵，片刻也不離手。總之帕拉塞爾蘇斯的劍，以精神分析學的角度來看的話，就是象徵著他原本欠缺的男性力量。

後來在玫瑰十字會及共濟會的儀式中，劍果然扮演起重要的象徵性角色，這部分說不定也是從帕拉塞爾蘇斯的劍得到的暗示。無論如何，受到神奇之劍鼓舞的帕拉塞爾蘇斯，他不顧一切的戰鬥精神實在驚為天人。正如日夏耿之介的詩句所言，「大學者的憤怒馳騁於街頭巷尾」。

在巴塞爾大學打破學院慣例，首位用德語教學的就是他。中世紀以來，學院的醫學教授一般都是身穿傳教士風格的長袍，手持紅杖，戴著金指環，用拉丁語講授蓋倫（Galen）之書，可是帕拉塞爾蘇斯卻是一身用藥品染灰的工作服，加上粗糙黑色貝雷帽的打扮出現在學生面前，於是立即演變成醜聞，使他飽受言論攻擊。

不過帕拉塞爾蘇斯面對街上保守派醫生以及大學當局，卻反過來變得果敢。到最後，他在聖約翰節這天煽動學生，將當時醫學最高權威的書籍，伊本．西那（Avicenna）的《醫典》扔進熊熊大火之中，更做出大膽妄為的行徑，像是要與傳統學問完全斷絕關係。過於爭強好勝的他，甚至還在書中四處留下「是神讓我成為醫生，我即是醫界君主」這類的豪言壯語。

帕拉塞爾蘇斯這個人一生四處流浪，足跡遍及德國、義大利、法國、荷蘭、葡萄牙、英國、瑞典與波蘭，聽說他還到過遙遠的亞洲。他在黑海沿岸的乾草原被韃靼人（Tatars）捕獲，帶往莫斯科，但是不久後又跟著韃靼王子去到君士坦丁堡，傳說的內容簡直像冒險小說一樣。聽聞他在君士坦丁堡借住在某個知名的降靈師家中，這段期間帕拉塞爾蘇斯過著怎樣的生活完全不得而知，還有一說是他在土耳其宮廷內擔任宦官。

「不管其他人怎麼說，我不但沒去過亞洲，也沒去過非洲」，帕拉塞爾蘇斯自己雖然佯裝沒這回事，但是依照范．海爾蒙特的說法，帕拉塞爾蘇斯是在君士坦丁堡得到了「哲人石」。

一五九八年赫曼・羅夏克（Hermann Rorschach）於瑞士出版的《黃金之帆》一書中，也煞有其事地記錄下帕拉塞爾蘇斯從所羅門・菲菲爾或是德利斯摩西奴斯這些人物手中取得了「哲人石」。

堪稱放蕩天才的帕拉塞爾蘇斯，據說絕對不會待在同一個地方超過三、四個月。話雖如此，那樣受到天主教及保守勢力厭惡，樹敵眾多的他，事實上卻在全歐洲各個貴族及富豪家中來來去去，無論去到何處都從未受到冷淡對待，實在很不可思議。當然，一定是他出類拔萃的醫術起了作用，但是與此同時，從這點也可以推測他也許加入了某種祕密組織。

在中世紀的時候，從相互扶持的精神發展出來的同業公會，紛紛於各地成立。其中由建築師及石匠組成的公會稱作共濟會，自大教堂建築開始盛行的八世紀以前就已經存在了，國王及教宗還賦與他們許多特權。因為建築技術屬於「王者的技術」，箇中祕密只會傳授給夠格學習這門技術的人。

而且只要加入這類祕密組織，就算抱持異端思想，一般來說或多或少都能在這種職業的表面偽裝下備受寬容。所以與正統天主教會立場不太一致的卡巴拉學者及煉金師，會將這類的同業公會當成一種避難所，自然也是極為正常的趨勢。

當時想去旅行的人，也不得不仰賴這類組織。加盟組織的人，只要出示暗語或徽章，四處都能借宿。反觀工匠組織或是祕密團體，同樣為了求得新知，也會希望進一步和外國人來往，所以這種技術或思想層面的國際交流，一直在社會的暗處偷偷地熱絡進行著。這種趨勢持續到了法國革命為止，歌德著名的《威廉．麥斯特的熟練工年》[2]等著作，想必也是在這樣的背景下誕生出來的吧。

雖然沒有證據顯示帕拉塞爾蘇斯參加過這類組織，但是能從容不迫走訪語言不通、習慣不同的外國，所到之處皆受到知識階層、貴族階級的吹捧，在各地讓當時一流的畫家（魯本斯、丁托列托等人）畫下肖像畫，在諸多事實的背後，幾乎可認定這般臆測具有十分可靠的根據，難道不是嗎？

無論如何，處於中世紀根基逐漸瓦解的動盪時代，類似帕拉塞爾蘇斯這般自命清高的精神，猶如流星曳步的蒼白光芒，世界奔走四處流浪，每每聽聞都是令人興致勃發的話題。

說到帕拉塞爾蘇斯奇蹟般妙手回春的案例多不勝數，其中最為人所知的，就是發生在巴塞爾著名出版業者約翰．弗羅本（Johann Froben）身上的故事。

弗羅本被右腳骨折一事所苦，鎮上許多醫生的治療都不見起色。這時名聲超群拔類的當代大學者伊拉斯謨，正好寄居在他府上。伊拉斯謨回想起數年前在牛津遇見的帕拉塞爾蘇斯，為了朋友派人去將這位有名的醫生請到巴塞爾來。經由帕拉塞爾蘇斯巧手治療後，弗羅本的傷馬上就痊癒了。

自此以後，伊拉斯謨完全信任帕拉塞爾蘇斯，不時寫信向他請教治病事宜。那陣子，佛羅本家裡有一大群參加宗教改革運動的新時代學者進進出出，而帕拉塞爾蘇斯會與這些學者深交，前後因果也不難揣測。

很久以後，歌德會受到帕拉塞爾蘇斯極大影響，這些事情從日記及自傳中也都很容易窺見一二。就連浮士德的四大咒語，「火精靈沙羅曼達燃燒吧！水精靈溫蒂妮翻騰吧！風精靈西爾芙消失吧！地精靈諾姆努力吧！」無外乎是參考了帕拉塞爾蘇斯一派的自然觀。

繼亞里斯多德之後，最先將宇宙四元素融入自然哲學的人，是貴為帕拉塞爾蘇斯先進的阿格里帕．馮．內特斯海姆；帕拉塞爾蘇斯反而更重視煉金術的三元素（也就是使物質流動的水銀、使物質可燃的硫黃與使物質凝固的鹽這三元素）甚過四元素。

依據九鬼周造博士的見解，「在帕拉塞爾蘇斯眼中，自然哲學的基本包含相反的原理、發展的思想、個體的原理」，不過這部分深入到哲學議論，所以在此省略。

倒不如來談談關於歌德的著作，書中提到浮士德的弟子瓦格納用瓶子調合物質，製造出人造小人何蒙庫魯茲（Homunculus）的情節（第二部　實驗室）。這部分都有明確出現在帕拉塞爾蘇斯的《物性論》[3]著作中，所以歌德也是從帕拉塞爾蘇斯的想法中得到了創作的靈感。

「將男性精液密封在蒸餾器中四十天，不久後當精液腐敗，就會觀察到出現變化。接下來會出現近似人形的物質，而且是透明的，幾乎看不見實體。但是這個全新的生成物要小心翼翼地用人血培養，放在馬的子宮內維持固定溫度，等到四十週的時間過後，它就會像女性生出來的小孩一模一樣，形成四肢健全的孩子，只是尺寸極小。

在它成長茁壯展現智能之前，必須照顧得無微不至。這正是神對於罪孽深重死不足惜的人類，下達的最大祕密啟示之一。雖說這個祕密總是存在人類不為所知之處，但是事實上會以半獸人、水精靈的形態出現，自古便眾所周知。也就是說，他們正是這些生成物的祖先。因為這些何蒙庫魯茲到了成年的階段之後，有些會變成巨人，有些則會變成矮人。

人們利用技術，賦予它們生命、血肉與骨骼。它們因技術而生，它們即是先天的技術。所以人們不需要教育它們，反而是它們才有資格教育人類。因為它們有如庭院裡的玫瑰花，從技術中生成，藉由技術維持著生命。換言之，它們超越人類，近似精靈。」

恐怕讀者會取笑帕拉塞爾蘇斯的妄想吧？但是製造新生命，不只是中世紀煉金師難以割捨的禁忌夢想，更是連綿到十九世紀的祕教哲學之核心。仔細想想，應該沒有比這個，會對神和天主教造成更可怕的侮辱了吧？

帕拉塞爾蘇斯在過去著作的《子宮論》[4]中，強調男女在肉體上的差異。依照他的說法，子宮算是一個封閉的世界，是創造性精靈（Archeus）的棲息處，為了在胎內維持這個世界而被創造出來的女性，是與男性有著本質上不同的小宇宙（Microcosmos）。

「女性如同支撐果實的樹，男性如同被樹支撐的果實」，這就是帕拉塞爾蘇斯本人的說法。

因此帕拉塞爾蘇斯認為，將創造性的男性精液，移至與女性子宮相仿的環境之後，即便不借助女性的肉體，也能以人工方式創造生命。傳說中指出，他依照這種方式將自己的精液利用化學作用，真的製造出一個胎兒。

前文提到過，艾爾伯圖斯．麥格努斯的弟子湯瑪斯．阿奎那砸壞了艾爾伯圖斯．麥格努斯製作的人造人偶，除此之外，還有許多何蒙庫魯茲及人造生命的傳說，都存在於魔法的歷史當中。

例如古代的盧西塔努斯（Amatus Lusitanus）也曾說過一名叫作朱利葉斯．卡米洛斯（Julius Camillus）的男子製造過小人的事。另外承繼帕拉塞爾蘇斯思想，自稱「火之哲學者」的比利時人范．海爾蒙特，也留下了利用穀物、羅勒（隸屬唇形科的香草）製造出人造老鼠的配方。進入十九世紀之後，布拉瓦茨基夫人（Madame Blavatsky）在其著作《伊西斯揭祕》[5]中，提到一位安德魯．克羅斯的人物製造出類似人工蟎的蟲子。

話說回來，包含帕拉塞爾蘇斯在內的這些神祕學家，如要為他們的名譽做一次辯解的話，地球上生命的起源以及發生的問題，用進化論或是巴斯德（Louis Pasteur）的生源說（Biogenesis），也無法完全說明清楚。總而言之，生物獨自從無機元素產生的自然發生論，近年來再次演變成有力說法。隨著光化學的進步，用短波長的水銀燈照射水和二氧化碳之後，就會合成一種有機物。蘇聯的奧巴林（Alexander Oparin）博士，也在生物體最基本的蛋白質合成方面，展現出眾所周知的卓越成果。

製造蛋白質的主要物質為碳，不過也有學者主張，在地球以外的浩瀚星體中，除了「碳」能進化成生物之外，也許還存在「矽」這種基本物質進化而成的生物。在我們的世界裡也是一樣，昆蟲堅固的外皮，也是由矽這種物質所形成。由這些地方可以預想得到，在廣闊的星海之中存在著昆蟲生物或是矽質生物。

另一方面，法國知名的生物學者讓·羅斯丹，在他最近的著作裡提到下述這樣的看法：

「透過甘油調劑作業研發而成的冷藏法製造出精液罐頭之後，就能生下已經去世幾百年的男子的孩子。不久後如能將卵子移植的話，女子也許可以借用他人子宮生下孩子。人們說不定得以如願實現無父生殖、胚胎分裂、人體插枝、部分或整體胎生（體外生殖或是試管懷孕）。」

——《愛的動物誌》6

讀到這些內容，誰還敢嘲笑帕拉塞爾蘇斯的實驗精神？事實的確如此，藉由這種「先天技術」誕生的孩子，難道不是遠遠超出人類既有概念，有如「精靈」般的存在嗎？

對於帕拉塞爾蘇斯的死因，坊間謠言眾多，其中一個說法，是他在居酒屋與人起爭執後被殺死了。

還有一種說法，是一群眼紅他名聲響亮的薩爾斯堡醫師，用錢收買惡棍，將酩酊大醉的帕拉塞爾蘇斯毆打致死，或是被人從高處推落致死。總之帕拉塞爾蘇斯就是出了名的酒鬼。

十九世紀初期，馮·索默林（Samuel Thomas von Sömmerring）博士經當局許可挖出帕拉塞爾蘇斯的遺骸，結果在調查頭蓋骨後，發現後腦勺有外傷的痕跡，至此謠言完全獲得背書。

可是卡爾·阿伯勒（Carl Aberle）博士在日後重新調查過四次，證實後腦勺的外傷是因佝僂病所致。如果不是因佝僂病而亡，而是因頭蓋骨破裂慘遭殺害致死的話，在帕拉塞爾蘇斯去世前三天向公證人口述遺言這件事，不就無法解釋了？——這就是阿伯勒博士的見解。

只不過，還是有人對阿伯勒博士的意見感到質疑。究竟遺言真的是帕拉塞爾蘇斯口述的嗎？如果是因為佝僂病造成後腦勺外傷惡化到這種程度，想當然胸膛及手腳應該也會明顯變形才是。

再加上，阿伯勒博士為什麼需要連續四次調查遺骸？其中有沒有做過什麼手腳？倘若證明帕拉塞爾蘇斯死於他殺的話，誰必須負起責任？抹滅他殺的說法，披露病死之說，難道不是有政治上的考量？

無論如何，帕拉塞爾蘇斯死後還是留下謎團，實在堪稱一介怪奇人物。

古恩道夫（Friedrich Gundolf）在《年輕歌德》中寫道：

「一七七〇年歌德於聖特拉斯堡寫下的日記裡，內含他參考帕拉塞爾蘇斯、神祕主義者以及化學家的各種摘要。陰森的預感，引導歌德走往探究神及世界奧祕這二條充滿未知數的方向。在宗教上吸引他成為神祕主義者、在科學上吸引他成為化學者的，都是同一個原因，就是公認的神學固定且獨斷，公認的經驗分解成素材後，對於存在其中的精神統一充滿著衝動。」

這種「陰森的預感」與「對精神統一的衝動」，後來引起納粹的文學者（例如科爾本海耶）對帕拉塞爾蘇斯的研究興趣。政治方面形上學的自我中心主義、獨裁的觀念，都屬於魔法的一種。在這方面，或許存在以帕拉塞爾蘇斯為原型、以尼采為最後預言者，所謂德國精神的深奧祕密。

書目註記

1. Heinrich von Ofterdingen, Novalis, 1949.
2. Wilhelm Meister's Journeyman Years, Goethe, 1989.
3. De Natura Rerum, Paracelsus, 16th C.
4. De Matrice, Paracelsus, 16th C.
5. Isis Unveiled, Madame Blavatsky, 1997.
6. Le Bestiaire D'Amour, Jean Rostand, 1958.

第十一部

蠟像的詛咒

圖43　女妖術師。杜勒（Albrecht Dürer）的畫作

正如米什萊（Jules Michelet）等人提出的意見，妖術這種現象經常混雜了性的要素，例如各種「咒術」當中，也可分成愛之咒與恨之咒這二種。所謂愛之咒，是為了讓喜歡的人成為自己的另一半，而且一般來說，所有與性有關係的咒術，有時都會稱作愛之咒。

在愛之咒當中，自中世紀以來最廣為人知的，就是利用細繩來行使的「結繩術」。這可說是一種性無能、性功能障礙的咒術，中了這種咒術的人，男性性器官會萎縮，完全無法進行性行為。像是喜歡的女人被其他男人搶走的人，就可以請妖術師向對方施咒，這樣當對方結婚後，就會因為不明原因，無法履行夫妻之實，實在是十分困擾人的咒術。

在魔法書《小阿爾伯特》中，有記載下述「結繩術」的作法，在此引用為大家介紹：

「殺死一隻狼後馬上取下陰莖，接著走近你想施結繩術的男人身邊，呼喚他的名字，等他回應之後，馬上取白繩綑綁這隻狼的陰莖。自此以後，他就會等同被去勢一樣，成為性無能者。」

依據同一本魔法書所言，對於這種不可思議的咒術，據說有一個特別的破除法。就是這個人夫只要將戴上用黃鼠狼的右眼鑲嵌而成的指環，無論妖術師如何施咒，結繩術都不會見效。

具有生殖力，意味著能藉此獲得生命永續的保證，無非是在時間空間當中，確立自己的永久性。反觀剝奪對方生殖力的「結繩術」中，明顯表露出所有黑魔法共通的支配欲與權力欲，這點讀者應該有心有所感。此外，聽說聖奧古斯丁、聖金口約翰及希洛尼摩斯等基督教早期教父也十分警戒這種「結繩術」，想必讀者都會感到有些意外吧？

除了有害對方變性無能的咒術，另外還有讓正在翻雲覆雨的男女緊緊相連，像黏鳥膠一樣分不開的咒術。接下來引用十六世紀末大惡魔學者皮埃爾·德·朗克（Pierre de Rosteguy de Lancre）留下的奇怪證言，來一探究竟。

「一對男女在他雷多城裡因結合方式過於激烈，不時像狗在交尾分不開來，於是將他們吊掛在一根棍子上。男女分別掛在兩側，就像罪孽深重的二人在天秤上不相上下，讓他們在眾人面前被當笑話看。此時嘲罵聲及吶喊聲四起，完全像是神借惡魔之手拷問犯人一樣，向犯罪的男女施加刑罰。」

最可憐的，是心無此意卻分不開的男女。依照德·朗克的說法，他們會緊緊相連都是因為被惡魔迷住的關係，所以這還是屬於重大罪過。依照近代醫學的觀點，會將這種現象稱作陰道痙攣，但是不管是否在封建時代，將男女示眾都算是踐踏人權。

施展愛之咒相當出色的妖術師中，有一個叫作里科爾迪的加爾默羅會（Ordo fratrum Beatæ Virginis Mariæ de monte Carmelo）修道士。十四世紀初期，他製造出居住在卡爾卡松（Carcassonne）與圖盧茲（Toulouse）的美女肖像並獻給魔王撒旦。他將自己的鼻血與唾液，混入

圖44　愛之咒（左）與恨之咒（右）

蟾蜍的血中，再將肖像泡在這個混合液裡，然後惡魔就會融入這個肖像當中。等到晚上，加爾默羅會修道士會來到美人家門前，將這個肖像放在門口，美女們就像會夢遊一樣，搖搖晃地走出來，倒入他的懷抱。聽說里科爾迪為了感謝惡魔，會犧牲一隻蝴蝶作為供品。不過沒多久他也被人告發，自己坦承罪行後，終身入獄服刑了。

「如果美女是處女的話，要用新蠟製作肖像；若非處女，用普通的蠟即可」，魔法書《所羅門的鑰匙》中如此寫道。肖像做好之後，再獻給主掌愛與姦淫的三個神：維納斯、邱比特及亞斯她錄。接著在蠟上雕刻出女人肖像後，念誦出下述這樣的祭文。

「支配東方的王奧理恩斯（Oriens）、西方的王派蒙（Paymon）、統治南方的大王亞麥依蒙（Amaimon）、平定北方的埃金（Egyn），聽我悄然陳述。請融入這些肖像中，借強大的主之名，成就我的願望！」

接下來，將美女肖像放在枕邊，美女就會在第三天來到面前，或是捎信過來。向主管四大方位的神祈禱，就是為了從四面八方包圍心目中的美女，讓她無處可逃。

有時候還會在這個肖像上畫上心形，用檸檬樹尖刺猛扎，同時念誦下述咒語，「我扎的不是妳，而是心臟、是靈魂、是五官。直到我的願望實現之前，讓妳凡事都無能為力……」。

據約翰．拜耳（Johann Bayer）所言，還有一種愛之咒的作法，就是在金星之時製作蠟像，並刻上美女姓名與魔法記號，再將這個蠟像放在灶邊燒融。在近代的魔法師中，據說還有人偏好一面呼喚自己心愛女子的姓名，一面將她的照片扔進火中。

頭髮也可以用來製成愛之咒。施咒者相信將自己與女子的頭髮綁在一起，或是將女子少量頭髮供奉在祭壇上祈禱，就能迷惑她的心。對於頭髮的信仰歷史悠久，自祆教以來就已經存在，中世紀的人們會十分謹慎地將纏在梳子上的頭髮去除，以免落到妖術師手上。根據弗雷澤的說法，在原始部落當中，同樣流傳著將頭髮或指甲剪下來就能施展魔法的信仰。恐怕一般人都認為，人體上生長迅速的頭髮及指甲，有別於人類的軀體，而被視為像獨立的寄生物一樣，也許是因為這點，才會給人一種毛骨悚然的感覺。

蘋果也常被用來象徵情色。知名的聖安東尼的誘惑圖中，也是經常描繪美女向隱士遞出紅色果實。這部分依照妖術審判官亨利・波蓋（Henry Boguet）的看法，不過是「撒旦再次使出誘惑人類祖先亞當與夏娃的技倆」。

根據《所羅門的鑰匙》一書所言，摘下蘋果之前最好要淋上香油，增添蘋果的香氣，進行完這些步驟之後，妖術師再念誦下述咒語：

「四大造就亞當與夏娃的神啊，正如當年夏娃與亞當一同作惡，夏娃使亞當犯下罪過一樣，吃下這顆果實的人，也會任我擺佈！」

另外還有下述這種方法，

「在金星之日（星期五）比太陽早起，進入果園，摘下最美的蘋果後切成四塊，去除果核，再塞入寫上神聖記號與名字的便條紙取而代之。接下來一邊念誦下述咒語，『我刺的並非汝，乃阿斯摩太（Asmodeus）在刺我所愛之人的心臟』，一邊用二根針交叉呈十字刺穿果實。接著再念誦下述咒語，『我燒的並非汝，就像阿斯魔太在焚燒這個蘋果，讓這個女人心裡燃起對我的熊熊愛火』，同時將蘋果扔入火中。」

除此之外，還有下述這樣的方法，

「將小馬額頭上的肥肉烤成肉乾並磨成粉，填入紅色蘋果中央，將這四分之一的果實，讓你喜歡的女子吃下，或是將這些粉末化成液體讓她喝下。不然還可以直接用這些粉末，塗在她的衣服或皮膚上。」

例如馬鞭草或是赫馬芙羅（Hermaphroditus）這些植物，據說不需要念誦什麼咒語，就能展現愛的魔力。知名的煉金師范．海爾蒙特便曾提過這類植物的使用方式與其效果，接下來將為大家引用介紹，但這也許更偏向自然魔法的領域。

「我知道有些植物在手中揉碎後就會溫熱起來，帶有熱度。假使你用這雙手與他人握手的話，對方就會產生喜歡上你的感覺，在幾天的時間內，對方會不顧一切地愛上你。這些植物就是

圖45　驅魔

具有這樣的特性。譬如我握住小狗的腳之後，小狗便開始緊追著我，一整晚待在寢室前叫個不停，等到我終於開門之後，牠才會停止叫聲。」

老實說，這些咒語的訣竅就是要讓人體失去平衡，耗費精神，藉此削弱對方的意志。因為情色惡魔也完全無法附身在健康的男女身上，一個人在精神以及意志力薄弱的瞬間，才會有身中魔法的風險，也就是魔法書裡提到的「白色孩子殺死紅色孩子」的瞬間，這句話的意思是在說白色淋巴液勝過了紅色血液，意即貧血。

朱爾．波瓦說過，所謂的咒語就是「某人的意志圍困了他人的意志」，也就是說，一個人的意志被其他人的意志征服了，於是悠蕩蹣跚地脫離身體，以服侍新的主人。所以從咒術師的角度來看，咒語也算是神祕流體前往某個靈魂荒廢之地的遠征。咒術師超群絕倫的流體，瞬間拘束弱敵的流體，押到小車上，帶到自己的陣地後，關進牢房裡。這座牢房，也就是咒術師使用的蠟像。被關進蠟像的這個孱弱意志，就像被關禁在彌撒聖體麵餅中的基督一樣，在具有強大意志的咒術師（祭司）媒介下，犧牲奉獻給魔王（神）。所謂的咒術，不過是某種形式的犧牲。無論是白魔法或是黑魔法，這些手法的原則如出一轍。

方才已經談過了愛之咒，接著來說說恨之咒吧。在這個部分同樣會用到蠟像，妖術師會仿照敵人模樣，用新蠟捏出蠟像，而且愈仿真愈理想，因為兩個相似物之間具有神祕關係。想讓敵人經歷哪些洗禮，蠟像就必須接受相同的考驗。

第一步要將咒語刻在蠟像上，盡可能還要取得對方身上的一小塊衣服，讓這個小蠟像穿上。而且最好分別將對方的二、三根頭髮插在蠟像頭上，將對方的指甲屑黏在蠟像手指上，將對方的一、二顆牙齒放在蠟像嘴裡。完成之後，再念誦下述咒語：

「阿拉托爾魯、雷比達托爾魯、天太托爾魯、所姆尼亞托爾魯、杜克托爾魯、柯思美托爾魯、德沃拉托爾魯、塞杜克托爾魯，與破壞和憎惡為友的執行者啊！施咒、播種不和的人啊！我向你們祈願，為了讓○○充滿憎惡與不幸，請你們授予這個蠟像考驗，並給予祝福吧！」

——《所羅門的鑰匙》

○○的地方，當然是要填入對方的姓名。念完咒語之後，再用鐵針或釘子猛刺蠟像的身體，然後給心臟一擊，最後扔進火裡。蠟像的身體完全燒融的瞬間，被詛咒者也會同時死亡。還有一種方式不用將蠟像融化，而是兇狠地詛咒之後，埋在對方住家附近。

約翰·拜耳對於恨之咒有下述的描述，「有的人想對他人做壞事時，會做出對對方肖像施行傷害對方的咒術。利用全新未使用過的蠟做出肖像後，在肖像右側腋下，放置燕子的心臟。然後用全新的繩子，將這個肖像掛在自己的脖子上，並用全新的針，在肖像身體四處穿刺。這時候，還會念誦某個咒語，但是為了避免好奇心強的人隨便模仿，容我省略這個咒語」。

倘若有人覺得蠟像毫無生氣又冷冰冰，沒有活人的感覺，有些美中不足的話，最好使用動物的心臟來施咒。流動的鮮血，加上抽動的鮮肉，肯定會進一步煽動妖術師的熱血，像是蟾蜍、蛇、貓頭鷹、老鼠等，自古便深受愛用。

關於使用蟾蜍來施咒，十六世紀的鬼神論者德爾里奧曾留下一段有趣的故事。

「居住在伊斯特里亞聖傑米納斯小鎮上的年輕男子，迷戀上一個女妖術師，他不但拋棄了美麗貞淑的妻子和孩子，還開始與這個女妖術師同居，把家人忘得一乾二淨。不久後這名男子的妻子察覺他是中咒了，跑去找丈夫，並偷偷地在屋中搜索，結果在他的臥床下，發現罐子裡關著一隻蟾蜍，而且這隻蟾蜍的眼睛還被縫了起來。妻子抓住這隻蟾蜍，將牠的眼睛打開，丟進火裡燒掉後，丈夫馬上就恢復記憶，從魔法中清醒過來，回到了家人身邊。」

就像這個故事一樣，藏起來的東西一旦被發現後，據說魔法的效力一定會消失。不僅如此，這對咒術師來說，也是非常危險的一件事。十七世紀末著名的「霍克（Hocque）事件」，就是最典型的範例。

霍克是帕西這個地方的牧羊人，因為犯下施行妖術的罪行，被關進了巴黎的監獄裡，有一次，他被關在一起的男受刑人比阿特利斯灌酒後，無意中誇誇其談自己的祕密。「我跟你說，我用的魔法藥，是用聖水、聖體麵餅屑、動物糞便、臭酸的米和念珠的珠子混合而成的。我們那群人叫這種妙藥作『九大咒禁』或是『天神丸』，就裝在罐子埋在帕西這個地方的馬廄裡。你別跟別人說呀！」

這個讓霍克說出祕密的男人，其實是裁判所的密探。密探馬上向帕西的地方領主報告，領主起用了一位看得懂魔法書的男人，名叫「鐵腕」，命令他去將埋起來的罐子挖出來。後來果真在馬廄地下挖出了罐子，接著便將罐子裡的東西全燒了。就在同一時間，遙遠的巴黎監獄裡，霍克也因為奇怪的痙攣發作，一命嗚呼。

就像這樣，當咒術被破之後，迷失彷徨的流體便無處可去，變成可怕的能量，逆流到施咒者身上，這在魔法用語裡稱作「逆行的衝擊」。「逆行的衝擊」會形成強大力量，甚至經常會讓學藝不精的魔法師橫死。在比利時的列日附近，有一座名叫「逆行聖母院」的教堂，據說在這裡奉祀的聖母瑪利亞像前祈禱的話，原本要傷害自己的咒術就會反彈到對方身上施以攻擊。

咒術師該怎麼做，才能避免「逆行的衝擊」呢？十九世紀的大學者史坦尼斯拿斯．德．古埃塔（Stanislas De Guaita）認為，事先應安排好第二備用的詛咒對象，當第一個詛咒被破解時，才能讓第二個對象承受流體的逆行。另外還有其他的意見，就是咒術師在進行咒術的期間，絕對不可以離開魔法圈裡頭，才能讓自己周圍充斥著靈氣帷幕，使逆行的流體反彈回去。一般來說，就只有這兩種作法。

話說回來，讓咒術在歐洲宮廷盛行開來的人，傳說是獲得凱薩琳．德．麥地奇寵愛的義大利人科西莫．羅傑里（Cosimo Ruggeri）。他在數次拷問之後，才終於坦白說出他在王后命令下所做的咒術。

這時候，英國的格洛斯特（Gloucester）公爵夫人被關入大牢，因為她為了讓丈夫早日登上王位，竟用蠟像詛咒英國國王亨利六世。

受到凱薩琳．德．麥地奇寵愛的女巫莉奧諾拉．多里（Leonora Dori Galigai），也是因為在宮廷裡用蠟像詛咒多人的罪行，於一六一七年在格雷夫廣場被燒死了。當時她堅稱持自己無罪，大張旗鼓宣稱「我只不過是擁有強大靈魂，得以支配孱弱靈魂罷了」。但是對審判官來說，這點正是成為妖術師須具備的首要資格。

一般認為笛卡兒及波希生在的十七世紀是「理性時代」，但同樣也有許多類似咒術的妖術。傳聞著名的毒藥殺人魔布蘭維利耶侯爵夫人（Marquise de Brinvilliers），就是請來一位破戒教士，在聖體麵餅上寫上了一對戀人的姓名，進行完黑彌撒後，卻讓一對並非戀人的男女吃下了這個聖體麵餅。

一六一九年夏天的某個晚上，聖日耳曼德佩區墓地的守墓人，撞見三個老太婆將血肉模糊的肉塊棄置在墓穴裡。那晚正好是個月光皎潔之夜，守墓人逮住了這群老太婆，查看墓穴裡的東西，結果發現是一個插滿了長針及釘子的羊心臟。其中一個女妖術師坦承，這是用來詛咒的道具。

同一時間，有個對英國貴族充滿恨意的年輕女子，偷了男性貴族的左手套後，先將手套浸泡在熱水裡，再用針刺出好幾個洞，接著一邊念咒一邊將手套理入地底下。不久後英國貴族發現自己手上出現了奇妙的傷口，轉眼間，傷口逐漸擴大，最後還因此喪命。（瑪格麗特、芙洛瓦共同著作的《驚奇發現》[1]。）

在一六一〇年出版的《炎熱的第二天》[2]這本書中，曾經描述有名女子被某個女妖術師下咒，導致腸道穿孔，因此痛苦不已，後來附近的陶器工人來她家門口查看，找到了一張佈滿針孔的肖像畫，工人將這張肖像畫扔進火裡，結果痛苦的女子便馬上痊癒。

書目註記

1. The wonderfvl discoverie of the witchcrafts of Margaret and Phillip Flower, Flower Margaret, Flower Philippa, 1619.
2. Le Second jour des jours caniculaires, 1610 (Le satanisme et la magie, Jules Bois, 1871—1943.)

聖女與藍鬍子男爵

吉爾・德・雷男爵的肖像 I

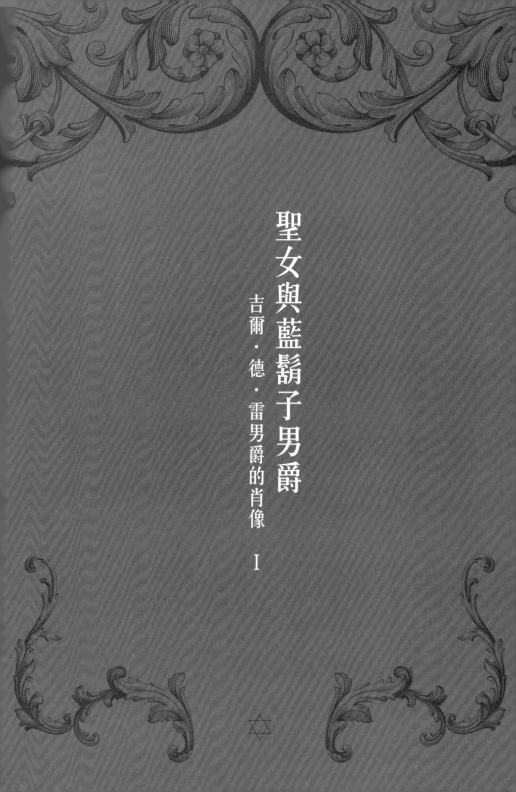

圖46　女妖術師的火刑

在夏爾·佩羅（Charles Perrault）的童話裡，大家最熟悉的「藍鬍子」，就是中世紀的法國元帥吉爾·德·雷男爵，他不但是史上著名最慘無人道的幼兒虐殺犯，同時也是十五世紀首屈一指的藝術愛好者，更是熱衷惡魔禮拜及煉金術的探險家。

這就是吉爾·德·雷這個人非常有趣的地方，接下來我們將透過十五世紀這個黑暗的魔法全盛時期，看看此名荒唐不經的怪物如何度過他的人生。

吉爾的少年時代有許多不明疑點，記錄顯示他是在一四〇四年年底時，出生在位於安茹地區的尚多歐塞城堡中。吉爾家擁有法國古老的名門血統，當時他是在城堡中名為「黑塔」的一個房間裡誕生的。他的弟弟雷內則生於一四一四年。

吉爾十歲的時候，父親出門打獵結果被野豬獠牙刺死了，後來母親沒多久便拋下吉爾和弟弟改嫁他人，所以外公讓·德·克朗（Jean de Craon）成為兩個兄弟的監護人。（有一說是雷內出生後沒多久母親便去世了。）這個老人，實在是集封建社會頹廢思想於一身，屬於典型的墮落貴族，利欲薰心又野心勃勃，讓年幼的吉爾受到極其不良道德的浸染。

因此有些傳記作者主張，吉爾從少年時期就已經出現可怕家族遺傳精神變態的徵兆，不過這種說法實在令人質疑。

在《同性戀魔法師吉爾．德．雷》[1]這本書中，評論家馬克．杜布提到吉爾從小患有癲癇的事，如下所述，「少年不時從床上起身，目光呆滯，口吐泡沫，簡直就像想避開野獸或惡魔的攻擊，揮動著痙攣的雙手」。

不過這種文章誰都寫得出來，就是在睜眼說瞎話，古書上並沒有記載，所以沒有人敢斷言，究竟吉爾．德．雷的性倒錯始自何時。佛洛伊德將性倒錯的原因歸究於戀母情結，可是吉爾從十歲左右就已經離開母親，因此司空見慣的佛洛伊德論點並不適用在他身上。

還有一位評論家歐仁．博薩爾神父（Eugène Bossard），提出更為嚴謹的意見，他認為，「吉爾肯定先在黑暗與神祕中，學到了孤獨的快樂。外公在晚年大概曾經突然闖入孫子房內，逮到他正在幹壞事」。

根據於斯曼的記述，「這個莽撞的老人，在一四二〇年十一月三十日逼吉爾和名叫瑟琳．瑟琳的女人（Catherine de Thouars）結婚，以逃避監護人的麻煩責任」，不管怎樣，與這個叫作瑟琳的八親等表妹近親結婚，背後似乎有著不可告人的祕密。

話說回來，吉爾明明在十分惡劣的環境下長大，卻很早就對學問及古典文學具有深厚的理解力。弟弟雷內則完全是個文盲，不過當時大部分的貴族皆是如此，雖然連自己名字都寫不出來卻不以為意，然而吉爾正好相反，他足以和十五世紀文藝愛好者的知名大貴族，比方像貝里公爵（Duc de Berry）、勃艮第（Duc de Bourgogne）與麥地奇家族（Medici）並列，算是個業餘愛好者。

他說得一口流利的拉丁語，總是隨身帶著喜愛作家寫的書，還自行將書裝幀得十分精美，甚至帶去旅行。他最偏好希波的奧古斯丁的《上帝之城》[2]、奧維德的《變形記》[3]、瓦萊里烏斯·馬克西姆斯（Valerius Maximus）的著作等等。可以想像，在他讀過蘇埃托尼烏斯（Gaius Suetonius Tranquillus）的《十二皇帝傳》之後，對於尼祿和卡利古拉殘忍的放蕩生活，會燃起血氣方剛的想像力。

當時法國在柔弱的查理七世統治下，飽受戰亂摧殘，瘟疫橫行，英軍任意劫掠，陷入窮困深淵，但在這危急存亡之際，吉爾自費起軍，助救國聖女貞德（Jeanne d'Arc）一臂之力，轉戰安茹及曼恩各地，立下許多功勞。

借用於斯曼一句話來形容，「他如影隨形跟在聖女貞德身旁，連在巴黎城牆下都緊緊守護著少女將軍，甚至在漢斯的成聖會這天，還是出入相隨」。

吉爾在二十五歲時，國王賦予他元帥的封號，這也是百戰功高的獎賞。

一般相信，他和這位奧爾良少女有所來往，才會讓他對神祕主義的衝動開始萌芽。神祕思想與惡魔禮拜相差無幾。他與聖女貞德之間有過哪些接觸，在資料不足下，並無法得知，不過根據博薩爾神父等其他人的意見顯示，吉爾只是充滿騎士精神，想像聖女一樣捨身奉獻，才會虔誠追隨聖女貞德。

只不過，因為某些原因，他對戰爭及戰功澈底失去熱忱，窩居在蒂福熱的城堡裡閉門不出，開始過著窮奢極欲追求高尚的生活。這部分在他波瀾萬丈的人生中，最是充滿難解的謎團。

說些題外話，虐殺嬰兒的吉爾．德．雷，為什麼會被看作是殺害妻女的「藍鬍子」呢？關於這點有許多說法與大家分享。

博薩爾神父做出結論，在布列塔尼地區的古老傳說中，出現了吉爾的名字，於是肯定藍鬍子與吉爾為同一個人物。總之夏爾．佩羅的童話，就是將古老傳說重新改編，在殘酷及異常的地方改成基督教的故事。反觀厭惡基督教的費爾南．弗勒雷（Fernand Fleuret）則主張，藍鬍子的故事源自柯諾莫王（Conomor）的傳說，因為吉爾．德．雷和柯諾莫王都是被逐出教會的人，所以才將兩者視為同一人。

柯諾莫是中世紀布列塔尼的領主，屢次娶妻又加以殺害，所以他在傳說中終年都是鰥夫。小說家費爾南．弗勒雷用匿名埃爾南德斯博士，調查了盤詰異教的審判記錄，寫下了有關吉爾．德．雷的論文，認為吉爾是被冤枉的，成了基督教的犧牲者。

圖47　希律王（Herod）屠殺嬰兒

此外，依據亨利．查爾斯．李在《盤詰異教的歷史》[4]一書中的記述，「吉爾蓄著沾沾自滿的紅鬍子」，據說是惡魔將紅鬍子變成了藍鬍子。這種說法實在荒唐，完全把讀者當傻瓜了，可是書裡都這麼寫了也拿他沒轍。

比較有趣的是十九世紀中葉由年史作家保羅．拉克魯瓦(Paul Lacroix)提出的說法，真相說不定就在這裡，他認為，

「吉爾．德．雷男爵乍看之下不像是個行事兇暴、個性惡劣之人。反而長著一幅溫和、親切的臉孔，理成燕尾造型的鬍子，也完全不會給人陰沉的感覺。他一頭金髮，別具特色的鬍子卻是黑色的，再加上光線照射下產生變化，有時會散發出藍色光芒。就是因為這樣，吉爾才會在布列塔尼地區遠近馳名，被人稱作『藍鬍子』，讓他的故事變成荒誕無稽的童話故事。」

在我們眼中，吉爾是不是「藍鬍子」，其實一點都不重要，另外在十六世紀知名鬼神論者布丹的《鬼憑症》[5]這本書中，做出了極為暗示的描述，在此引用給大家參考。

「在南特因妖術師身分被宣告有罪而處刑的吉爾男爵，殺害了八名幼童，還坦承企圖殺害第九個小孩。第九個小孩，其實是他的親生兒子，而且孩子還在母親腹中時，他就已經決定將小孩殺死獻給惡魔……」

這段內容，有二點與事實不符。首先是吉爾並沒有兒子，其次是吉爾殺死的孩童數量豈止八個而已。這點雖然與事實相違背，不過八這個數字卻是意味深長。因為據傳說所言，藍鬍子殺死了八名妻子……。

不過關於藍鬍子的傳說，差不多該停止討論了，讓我們繼續往下看吧！

說到吉爾的容貌，阿曼德・蓋羅（Armand Gueraud）及瓦萊特・德・維里維爾（Auguste Vallet de Viriville）等眾多傳記作者，都描述得含糊其辭，例如說他「身材高大，外表迷人」，但是沒有多少資料證實，因此難以就這樣讓人接受。但是至少，我們也許可以像於斯曼這樣，再次試著勾勒出他的內在性格。

依據於斯曼的說法，吉爾在當時幾乎是個與世隔絕的人，也是個單純的藝術家、奇珍異物的愛好者，會用金字或精美圖畫裝飾案頭上的書，還是個會自己作畫的業餘愛好者。

「他的同輩都是單純的野蠻人，反觀他卻期盼終極藝術的洗練，夢想晦澀高深的文學，撰寫關於降魔的著作，熱愛羅馬教會的音樂，而且身邊所用之物只能是獨一無二的珍物佳品。」

吉爾除了有如此高雅藝術家氣質的一面，在戰場上也是英勇善戰，更具有騎士精神與聖女崇拜的傾向，這些都是他眾所皆知關於前半生的記錄，所以我們不得不承認，在他隱居蒂福熱城堡之後，他的種種美德不知道什麼緣故，竟然搖身一變成惡行。這些惡行，就是傲慢、淫蕩與殘酷，將他塑造成史上屈指可數的殺人魔。

現在請容我暫時以犯罪心理學的角度來探討。自我崇拜、傲慢到猖狂的地步，正是吉爾的第一惡行。直到審判的最後階段，吉爾還是不承認自己有罪。在眾多證人佐證下，大肆揭發他所犯下的罪行，使他無辯駁餘地之後，他才向眾人坦承，祈求神的原諒與靈魂的救贖。這種在倨傲孤獨之中日漸增長的自戀情結，甚至讓他向親信吹噓、自誇他犯下的無數罪行，使他失去理智。

例如在犯罪史上以別名「杜塞道夫（Düsseldorf）的吸血鬼」遠近馳名的德國人庫爾滕（Peter Kürten），同樣是個有性倒錯傾向的殺人魔，他向審判官再三表示，「我做的事你是無法理解的，沒有人可以理解」。吉爾也曾高傲地在法庭上大張其詞，「我做了全世界沒人敢做的事，這是我與生俱來的使命」。

像這種罪大惡極的人特有的傲慢態度，並非一般所謂的虛榮與自傲，而是一種難以自拔且揮之不去的快感，具有禁不住想讓自己高人一等的傾向。同時這也是惡魔主義者對於現存社會秩序的特殊叛逆方式，而墮天使撒旦會被逐出天國，也同樣是因為這種驕傲自滿之罪。

另外在吉爾·德·雷內心裡，其實潛藏著如烈火般慷慨激昂，不知滿足的淫欲，唯有藉著脫離常規的放縱行為，才能平息這把淫欲之火。當淫欲鎮定下來之後，就會陷入一種昏睡狀態，等他一醒來，又會充滿猛烈的悔愧之情，讓他投身於十字架前潸然淚下。不久後，欲望又會再次勃然興起，如果不滿足這些欲望，身心都會痛苦難耐。於是他的嗜好漸漸脫離常軌，尋求更強烈的刺激，開始發現瀆神後的快感後，進而一步步走向失去理智的性虐待領域……。

話說吉爾的性倒錯和性虐待，是與生俱來的嗎？能夠回答這個問題的人，老實說只有他本人，即便他身在法庭，也沒有回答這個問題。但是在天生的強烈好奇心，加上對於怪奇事物的嗜好衍生出來的淫蕩性格，最終將他導向殘虐與殺人的領域，這點是無庸置疑。從他在法庭上的自白可知，吉爾從少年時期就是個性偏好怪異的人。

「對於在何時何地懂得同性戀的罪行，他回答是在尚多歐塞城堡的時候，但是明白表示時間已經忘記了，不過應該是在外公休茲侯爵去世的時候才開始的樣子。」

「此外，被問到犯了下述罪行時，是遭何人教唆煽動的問題，他回答沒有任何人唆使他，是他一個人的想像，只是為了自己的快樂和淫欲，才會犯下以下罪行。」

透過上述審判記錄的片段內容，證實吉爾從年少時就是同性戀者。針對他性虐待的變態行為，就像博薩爾神父與於斯曼說的一樣，吉爾應該是從蘇埃托尼烏斯古老寫本的插畫中，早早就將提貝里烏斯（Tiberius Julius Caesar Augustus）以及卡拉卡拉（Caracalla）讓少年全身染血的放蕩畫面銘記於心了。吉爾確實有偏好觀看處刑場面的窺視症傾向，這點和羅馬皇帝提貝里烏斯十分相像，而且也和卡利古拉為了讓犧牲者意識到死亡這件事，命令劊子手放慢速度行刑這點，有一脈相通之處……。

一四三二年吉爾的外公在尚多歐塞城堡去世後，他才終於在二十八歲時，繼承了堪稱法國金額最高的財產。光是土地及城堡便難以估計，每年更可為他帶來三萬里弗爾（Livre，法國的古代貨幣單位名稱之一）的收益，再加上法國元帥的俸給高達一年二萬五千里弗爾。當時勃艮第公爵的親戚，一年僅有六千里弗爾的收入，可想而知吉爾是家財萬貫。後來這些巨額財富，在區區六年時間，就被他揮霍一空，所以只能說他浪費成性的情形實在驚人。究竟他為什麼會這麼快就破產了呢？

有幾個原因，首先是他整備了豪華的軍隊。畢竟是在群雄割據的時代，有錢就能手擁大軍。吉爾在他身邊召集了逾二百名騎兵作為他的親衛隊，每一位還配有衣著奢華的僕人。見到這美侖美奐的軍隊，就連布列塔尼公爵約翰五世也會心生嫉妒。

第二個浪費的原因，是他建造了壯麗的教堂。當時野心勃勃的大貴族，例如路易十一以及切薩雷．波吉亞（Cesare Borgia）等人，都相信建造禮拜堂有助於洗清他們在現世犯下的罪行，吉爾也沒有例外。但是包含附屬的祭司以及唱詩班在內，要維持一個約八十名聖職人員服侍的教堂，一大筆開銷是少不了的。

除此之外，始終偏好浮華的吉爾，還讓聖職人員穿上了金光閃閃的豪奢服裝。矯揉造作漫步的教士，一身栗鼠毛皮的法衣、白鼬皮襯裡的深紅色法衣、用金絲及絲綢織成袖飾的法衣，簡直就像大主教派駐的教堂。教堂的裝飾也是窮極華麗，大量使用了刺繡蕾絲、金線織花的錦緞、鑲嵌寶石的天鵝絨以及黃金燭臺等等。馬謝庫整座城鎮，完全像是一個宗教王國。

當然無庸置疑，吉爾的自尊心因為這樣得到了大大的滿足。但是這種裝腔作勢的嗜好，或是他真誠的宗教熱忱暫且另當別論，因為他還另外動機，其實是對教會音樂幾近狂熱地沉溺其中。或許唱詩班的少年合唱，在他耳中聽來無疑是一種性樂趣。

以精神醫學的觀點來看，對於某一種人來說，教會音樂會引人陷入色欲中神志不清，這和陶醉於神祕主義的沉迷感覺是一樣的。克拉夫特．埃賓在《性精神病態》[6]一書中，認為不管是人類的愛欲或是宗教的神祕主義，同樣都是在探求無限，有著相同的類似關係而彼此連結，書中內容如下所述：「無論是對宗教的感覺或是對性的感覺，當發展到極限之後，帶給人的刺激量及其性質，都會展現出雷同之處。因此，這部分在某些條件下可以彼此置換，如果存在必要的病理學條件，兩者都可能形成殘虐的要素。」

說到吉爾．德．雷這個人，顯然具有這兩方面的傾向。我們都知道，他是聖女貞德的崇拜者，是受過百年戰爭殘酷摧殘的戰士，而且還是個對藝術狂熱的愛好者。

如此想來，他偏好額我略聖歌以及少年合唱團的神聖嗓音，這與淫蕩及罪惡的欲望毫無矛盾之處，反而只是煽動淫蕩及罪惡的動機，由此便很容易理解了。神祕思想與惡魔禮拜僅一紙之隔這一點，也能像這樣透過性病理學的原理獲得解釋。

蘇埃博士（Robert Soueix）在吉爾相關的醫學論文中，引用了匈牙利的馬圖斯卡（Szilveszter Matuska）這個著名的犯罪者案例。馬圖斯卡用炸藥將急行列車炸翻後，聽著受難者痛苦的哀鳴以此為樂，是個詭異的天才犯罪慣犯。博士在書中如下寫道：

「近來（一九三一年）匈牙利有個名作馬圖斯卡的男子，用炸藥將急行列車炸翻後，眼睜睜看著壓在破碎車體下發出痛苦哀鳴的受難者，體會不可言喻的快感。不過這名犯罪者有著古怪的宗教情愫，總是隨身攜帶他崇拜的聖人像——聖安東尼像。而且他一看到犯罪計畫實現，翻覆的火車熊熊燃燒，來不及逃命的乘客變成一團焦黑，就會喜笑顏開地走到附近的教堂，向自己最崇拜的聖人禱告，感謝神讓他的罪行得以成功。就像這樣，可想而知吉爾・德・雷也是在沉溺於可怕的殺戮之中，藉由詩歌班少年的美麗歌聲，將神的憤怒平息下來。」

蘇埃博士的推理有些戲劇性，不過的確有證據顯示，吉爾迷戀少年詩歌班歌聲的程度，與受難者苦悶的哀嚎不相上下。魔法學者格爾雷斯也提到，「吉爾將受難者獻給惡魔巴隆、巴力西卜與彼列，在殺戮行為期間，命唱詩班為惡魔獻唱復活節的聖歌」。

根據史坦尼斯拿斯・德・古埃塔（Stanislas De Guaita）的說法，「身著金光法衣的祭司，日覆一日奔波找尋新的唱詩班少年」（《撒旦的教堂》[7]，就算古埃塔的話過於誇張，但是無庸置疑的，吉爾很快就在當時的法國北部，擁有了最優秀的合唱團。他不惜重金，將美聲少年都聚集到了他的身邊。

一個名叫羅西尼奧爾（Rossignol，意指黃鶯）的少年，原本隸屬於聖西里爾教會的合唱團，但他引起了吉爾的注意，於是吉爾答應將拉里維埃（La Rivière）的土地贈予他之後，便強行將他從普瓦捷帶到蒂福熱來。由此可知，無論是歌手或是演奏家，吉爾都用超額的薪資予以雇用。

音樂會讓人聯想到異教的祭祀儀式，屬於邪惡的行為，所以教會有很長一段時間並沒有使用音樂，直到大教宗額我略的時代（六世紀末），發現音樂是喚起虔誠心情最有效的手段，於是才得以將禮拜方式與恩頌聖歌集彙整起來，使音樂在教堂中從此不可或缺。吉爾的唱詩班學校也使用了當時流行的所有樂器，包含手搖琴、豎琴、魯特琴、小號和長笛等等，而其中風琴占了相當重要的地位。

稍微順著小栗虫太郎的角度，進入音樂史的領域來一探究竟。風琴最早在拜占庭帝國受到重視，起初用的是水風琴，後來才製造出用空氣推動的風琴，但在八世紀左右，才由東羅馬皇帝五世將風琴傳入法國。他將一臺風琴獻給法蘭克王國丕平國王，另一臺獻給了查理大帝。依據聖加倫的修道士所言，「青銅管在牛皮風箱鼓動下發出隆隆雷鳴，類似七絃琴的音色，也像是銅鈸的聲音」。

吉爾肯定格外喜愛由這種「隆隆雷鳴」演奏紀堯姆・杜飛（Guillaume Dufay）的經文歌《悲切聖母》。在這個聖母與地獄的珍貴和音中，確實遠遠地反映出這些犧牲者臨終前的哀訴。

但是在當時，民眾對於他脫離常軌、沉迷在戲劇、音樂會、宴會中的奢侈生活，只會投以羨慕與讚嘆的目光，完全沒察覺到，這位難以理解的貴族內心，潛藏著怎樣血腥的欲望。在蒂福熱城堡裡，他依舊是凱薩琳夫人的丈夫、獨生女的父親，卻無人了解這個男人慘澹內心的煩惱，人們依舊貪戀平和地沉睡著。

我那聳立的住所被你輕蔑看待時
「在選擇當中只求一瞥
無論教誨或祭壇我將全盤否定」
你痛苦的哀嚎就像這樣回響在黑暗之中

——施特凡・格奧爾格（Stefan George）

書目註記

1. Gilles de Rais, Magicien et sodomite, Marc Dubu, 1945.
2. City of God, Augustine, 5th C.
3. Metamorphoseon libri, Ovid, 43 B.C.—17 A.D. or 18 A.D.
4. A History of the Inquisition of the Middle Ages, Henry Charles Lea, 1900.
5. De la demonomanie des sorciers, Bodin Jean, 1580.
6. Psychopathia Sexualis, Richard Freiherr von Krafft—Ebing, 1891.
7. Le Temple de Satan, Stanislas De Guaita, 1891.

水銀傳說之城

吉爾・德・雷男爵的肖像 II

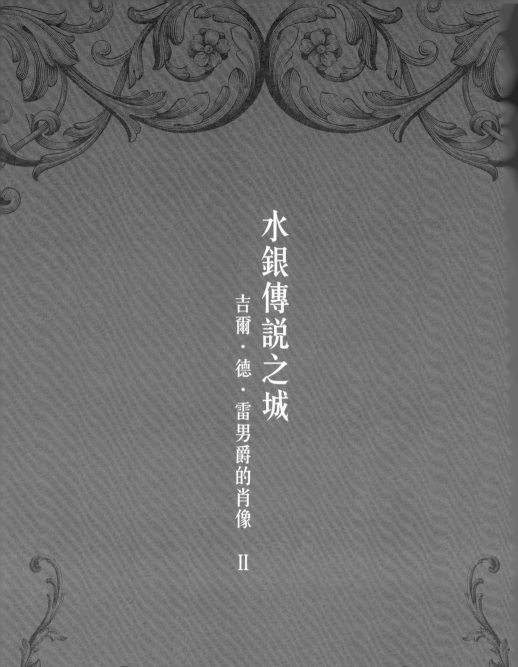

圖48　煉金師的實驗室，
引用自海因里希．昆哈特（Heinrich Khunrath）的著作

屹立在南特到普瓦捷這條幹道上一團漆黑的蒂福熱城堡，是建造在古羅馬城寨遺跡上堅不可摧的要塞，吉爾·德·雷男爵最愛待在這裡，這是他最喜歡的地方。最終他在財政壓力逼迫下，眼見即將破產，才乍然放棄宮廷生活，絲毫不以為意地隱居在這座滿是大理石雕刻，點綴著五顏六色壁布的華麗城堡裡。

過去在這座蒂福熱城堡附近，受過民族大遷徙的餘波影響，被達契亞（Dacia，現居羅馬尼亞的民族）的一個部族所占領。雖然無法得知吉爾是否混有東歐達契亞人的血統，但是傳說中提到，入侵過蒂福熱城堡的蠻族世襲君王，有別於其他日耳曼各部族的首領，據說公然允許同性戀的存在。在夏多布里昂談論羅馬帝國沒落始末，十分著名的《歷史研究》一書中提到，這個部族的青年「被強行要求與男性交媾，童貞之花在這令人厭惡的結合之中備受蹂躪。他們必須擊退野豬或熊，才能從這違背人倫的婚姻中獲得解放」，看到書中的這段記述，使人聯想到吉爾先天的性倒錯，令人不禁感慨，或許在這個地方橫流著渾濁且不祥的宿命之血。

在三層城牆圍繞下的蒂福熱城堡高塔附近，還蓋有一座外觀優美，吉爾相當自豪的禮拜堂，這裡不但舉行過好幾次的黑彌撒，也辦過宴會。宴會席上，幾近一絲不掛的合唱隊美少年穿梭在吉爾邀請的賓客之中，用內含肉桂的葡萄酒或加入興奮劑的酒斟滿酒杯。根據G·穆尼耶的說法，這種刺激性的飲品「在這座沒有一名宮女的詭異城堡中，使與會者的淫欲如按捺不住的惡夢般蜂湧而出」。

吉爾家族早已因為他的浪費而惴惴不安，不時向國王查理七世懇求干預家族財政。吉爾對於家族這樣的做法十分震怒，便將妻子凱薩琳與女兒瑪麗逐出蒂福熱城堡，長期幽禁在普佐熱。更何況他對一般女性一直心生厭惡，他過去浪漫的聖母崇拜情結突然一變，如今澈底沉迷於同性之愛，著實叫人驚訝。吉爾就像頹唐時期的羅馬貴族一樣，待在幾乎看不見宮女的城堡裡，懷抱著眾多少年，還讓他們在宴會席上，滿足賓客的欲望。對於被逐出城的妻女，至死他都不屑一顧。

原本吉爾在蒂福熱城堡幽深的研究室裡，有萬卷藏書為伴，埋頭於煉金術實驗之中，他孤身一人沉浸在純粹的求知樂趣裡，這點無庸置疑。不過在他瀕臨破產之際，他想藉由這神祕又不可思議的學問，實際煉出黃金擺脫眼前貧困，也難怪他會費盡心機乖謬煉金術的本義，走上邪門歪道。在阿拉伯傳來的熔爐（Athanor）及梨形壺影響下，希望之火熊熊燃起。究竟他能否用「哲人石」煉出黃金來呢？

多姆．洛比諾修道士在《布列塔尼史》[1]中提到，吉爾「想方設法尋找精通這種騙術之人，沒多久就找到了幾名能讓水銀凝固且手法熟練的方士。但是就像煉金術師將夢寐以求的金屬點石成金之前，『哲人蛋（燒瓶的一種）』總會發生破裂一樣，很不幸的吉爾在進行實驗的期間，也遇上了法國王子突然造訪的意外。煉金術屬於祕密術法，不得公然為之，所以他不得不毀掉煉金爐中止實驗」。

這就是吉爾．德．雷元帥倒霉的煉金術研究過程的精簡記錄。洛比諾修道士口中的「騙術」，以十七世紀的知識來探討的話，會如此形容也是很正常的事。再加上大家必須明白一點，中世紀的玻璃器具並不耐熱，非常容易破裂。

大家或許可以想像一下，在蒂福熱城堡一隅，吉爾．德．雷的藍鬍子微微顫抖，內心充滿期待，與吉爾．德．夏爾、尤斯塔許．布朗謝（Eustache Blanchet）等一眾心腹，俯身凝視曲頸甑瓶底的模樣。參閱我們現有的文獻，顯示吉爾打造了煉金爐，也就是所謂的熔爐，並買進了鐵鍋、坩堝、蒸餾器（Alembic）以及鵜鶘形蒸餾器（Pelican）等容器，在城堡一側蓋了實驗室。安托萬．德．巴勒姆（Antoine de Palerme）、弗朗索瓦．隆巴德（Francois Lombard）還有巴黎的金銀細工工匠吉恩．珀蒂（Jean Petit）等人，都曾經待過這裡。

無論是將物質加熱、融化、使之昇華的素陶罐或燒瓶，肯定都與浮士德博士及法蘭克斯坦（Frankenstein）博士實驗室中出現的奇形士器或玻璃器具十分類似，吉爾在這種不倫不類的神祕幻影糾纏下，希望之火愈發熱烈。

於斯曼認為，「貞德死後沒多久，吉爾馬上就落入了魔法師手中。而且這些魔法師都是精練的惡人，也是聰明絕頂的學者。從頭到尾前往蒂福熱城堡拜訪吉爾的眾多人士中，不乏熱心的拉丁學家、令人驚嘆的議論家、奇珍祕藥的持有者，還有精通上古神祕的人。傳記作家將這些魔法師形容成低俗的食客或騙子，但是這種說法大錯特錯，這些人才是十五世紀具備貴族精神的人。恐怕他們即使任職於羅馬教會，如非大主教或教宗這等階級，都不會得到他們的青睞，但是他們終究不可能爬上高位，因此在當時那樣無知又混亂的社會中，他們只能投靠吉爾這樣的大領主，成為避世之士了。」

——《彼方》

確實吉爾生在的十五世紀，是煉金術風行歐洲的全盛時期，有教養的大領主都會將世俗不容的優秀煉金師召來身邊，花費大量金錢與時間，在城堡裡偷偷追尋著黃金夢。

關於煉金術的起源，在「塔羅牌」章節裡已經詳細說明，所以在此僅談論其沿革的部分。一開始煉金術源起自埃及，後來在亞歷山卓發揚光大，並在荷米斯．崔斯墨圖的《翠玉石板》中被加以定義，由美索不達米亞的大學者賈比爾（Jabir）集大成，但是這最後的人物是否真有其人，至今仍是個疑問。不過號稱奇異博士（Doctor Mirabilis）的羅傑．培根（Roger Bacon）等過去眾多方士，據說都抱持最大敬意深入研究過《祕術大全》及《哲學之書》。一般相信這些書出自阿拉伯「最偉大的王暨哲學家賈比爾」之手，書中嚴密記載了金屬融解、精煉以及延展性的法則。

阿拉伯人進攻西班牙後，煉金術才傳進了西歐世界，不過在這之前，眾所皆知像是羅馬皇帝卡利古拉，還有拜占庭皇帝希拉克略，都投入巨資延攬眾多煉金師，沉溺於煉金之夢。透過宮廷

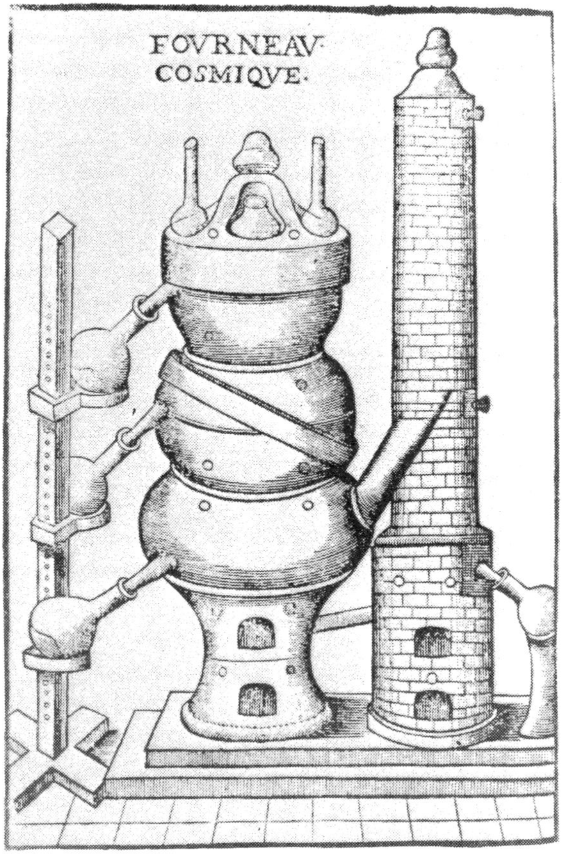

圖49　煉金爐

早有阿拉伯人出入的證據顯示，他們長久以來似乎在西歐及東歐（拜占庭）世界裡，扮演著波斯和埃及祕術承繼者的角色。

歐洲最早深究阿拉伯煉金術奧義的人，據悉是年輕時遊歷過世界最古老大學——摩洛哥卡拉溫清真寺，並在西班牙學習占星學及卡巴拉祕教，後來成為思維二世的葛培特修道士。

因此到了中世紀，煉金術已經奠定流行一時的基礎。以當時最具權威的煉金術書籍為例，包含巴希爾．瓦倫丁（Basilius Valentinus）的《煉金啟示錄》[2]、《十二把鑰匙》[3]、《銻的凱旋車》[4]，還有拉蒙．柳利的《祕密鑰匙》、《新聖典》，以及阿諾德．維拉諾瓦的《煉金術之鏡》[5]、《哲學的玫瑰園》[6]、《綻放之書》[7]，羅傑．培根的《祕密之鏡》[8]、《煉金術精髓》[9]，貝爾納．特雷維贊的《泉之寓意》[10]、《金屬自然哲學》[11]，所羅門．特里斯莫斯的《金羊毛》[12]等等，當然吉爾．德．雷可能也持有這些書籍的貴重手寫本，否則也一定耳聞過傳言。

根據當時人們深信不疑這點看來，就連卑金屬的鉛或水銀，只要使用「哲人石」，也都能馬上變成貴金屬。

「哲人石」也稱作靈藥（elixir）或「第五元素」，任何一本煉金術書籍都會出現這個名稱，但是用來調合的所需物質比例多少，以及將這些混合物倒入「哲人蛋」這種燒瓶中進火爐裡加熱的溫度為何，都被視為祕密嚴加保管著，所以要提煉出「最佳靈藥」是極其困難之事。

阿拉伯人卡利德在他著作的《三詞之書》13中寫道，「哲人石」是「內含白色、紅色、黃色、藍色、綠色等所有顏色」的純粹元素。

傳聞十四世紀末利用哲人石使金屬成功變質的知名煉金師，就是巴黎的代書人尼古拉·弗拉梅爾，他和忠貞的妻子佩內爾（Pernelle）攜手，歷經二十四年的長期研究，最後終於解開《阿布拉梅林之書》中，神祕寓意畫集《淨化之火》14的祕密。他在死前，將「哲人石」的作法刻在聖雅各伯屠宰場教堂（Eglise Saint-Jacques-la-Boucherie）的門上，所以當時的煉金術師通通聚集到這裡，群起解析這些難以辨別的祕術文字。恐怕吉爾一定也讀過風靡一時的尼古拉·弗拉梅爾的手記，且感到興奮不已吧！

還有一位在十四世紀夙負盛名的煉金術大師，是以幻想博士（Doctor Illuminatus）一名眾所周知的殉教者拉蒙·柳利。在他的著作《新聖典》中，詳細記述著從「四季豆大小的」水銀進而精煉成「哲人石」的方法。水銀是當時的煉金術師最喜歡使用的原料，甚至出現了「水銀學」一詞，在吉爾的審判記錄中，也記錄了倫巴底的方士進行過水銀固定的實驗。

亞維農的教宗若望二十二世是最早迫害魔法師及煉金術師的人，因此在後世留下了不佳的評價，但是他在年輕時，似乎也是熱衷這種「水銀學」的人之一。他在十六世紀中期首次出版的著作《變質術》中，得意揚揚地提過用定量水銀煉出無限黃金的配方。不過同樣是這位教宗，公布了嚴格定罪水銀學及煉金哲學書的詔書（一三一七年），所以中世紀實在是個奇妙的時代。

中世紀的煉金術師，幾乎都是學識淵博的聖職者，儘管教會屢屢發布禁令，相信煉金術還是在修道院內廣泛盛行。大概是因為除了聖職者之外，看得懂拉丁語的人在當時還是極為少數的關係。例如大家可以回想一下，在《羅密歐與茱麗葉》一書中提供祕藥給茱麗葉的勞倫斯神父，還有在《鐘樓怪人》一書中愛上吉普賽女郎而自殺的弗羅洛神父，他們都是信仰虔誠的修道士，同時也是在孤獨的實驗室中，凝視著燒瓶底部充滿哲學精神的人。當然，有專注哲學理論探究物質祕密的耿直煉金術師，照理說在另一方面也會有很多專門欺騙有錢人的騙子方士，所以後來會出現但丁以及佩脫拉克這樣激烈反對煉金術的人，也是很正常的事情。

在吉爾．德．雷的時代，若望二十二世的詔書已經開始失去效力，但是國王查理五世在一三八〇年公布的煉金術禁止令，卻依然保有效力。所以吉爾雖在遠離巴黎的鄉下肆無忌憚的為所欲為，卻還是得冒著極大風險。

教會原本就是站在反對這類異端學問的立場，但在下級的神學者中，完全如妖術師一樣，深信五芒星、降魔術與咒術的傢伙卻意外地多。因此，出現了像是羅馬尼亞方濟各會（Ordine francescano）宗教裁判所的審判官贊奇尼．烏戈里尼的《異端論》15、尼古拉斯．艾默裏奇的《宗教裁判所審判官規則書》16、布拉格大學神學教授尼古拉斯．馬尼的《迷信論》17，以及道明會修道士約翰尼斯．尼德的《螞蟻的對話》18等，支持教會立場的學者接二連三提出了否定煉金術的論文。

在這樣的氛圍下，那樣野心勃勃埋頭召集煉金術師的吉爾，肯定萌生了惡魔主義特有的，違背禁令所形成的快感。他將心腹手下送往各地，投入龐大資金，企圖將歐洲出名的煉金術師全部召集到蒂福熱城堡來，這般執著實在令人驚恐。

當時巴黎是研究神祕學的要地，德國以及義大利也分別有獨特的傳統祕術。但是聚集在蒂福熱城堡裡的這群方士當中，機敏才智最為出類拔萃，人人畏懼的魔法高手，就是由吉爾心腹尤斯塔許．布朗謝從義大利佛羅倫斯帶回來的俊美破戒教士弗朗索瓦．普勒拉蒂。

畢竟義大利是走在當時文化的最尖端，即便在神祕學的領域，仍具備悠久羅馬文化養成的正規傳統。由占星學分支出來的星辰醫學，在羅馬宮廷尤其興盛，義大利的方士在各國求才若渴下，滯留歐洲各地行醫，或是遠赴阿拉伯世界熱切尋找失落已久的祕術。譬如知名的魔法師彼得羅．達爾巴諾，他便前往拜占庭研究希臘醫學，還有威尼斯大學醫學教授湯瑪斯．德．皮桑（Tommaso da Pizzano），他更受邀成為法國國王查理五世的御醫。

吉爾埋頭於煉金術之際，特里維素（Treviso）伯爵貝爾納多（一四〇六年出生於帕多瓦）正走訪歐洲各地尋找「哲人石」。貝爾納多用海鹽、蛋殼、硫化鐵及水銀做實驗，直到傾家蕩產，才終於在一四八三年發現了哲人石，只是在同年，卻因病去世了，實在令人遺憾。

話說除了義大利人普勒拉蒂之外，在吉爾身邊評價最高且自稱是煉金術師的人，就是來自普瓦捷的讓．德拉．里維埃（Jean de la Rivière）。

有天晚上，他和吉爾、布朗謝在侍從亨里爾及普瓦圖陪同下，來到蒂福熱城堡附近的森林裡，說要在這裡展示黑魔法給大家看。四個人在森林入口等著，僅魔法師一人大步走進森林中。主從害怕到失去知覺，盯著黑陰深處猛瞧，突然在森林裡傳來了刀光劍影的幻聽。

四人裹足不前，摸索著走進黑暗之中，只見魔法師一臉驚恐，臉色蒼白地癱軟在地上。一問之下，魔法師表示惡魔化身成一隻巨豹向他襲來，於是他拔劍奮戰。但是他說的一切卻前後予盾，才說他與巨豹爭鬥，又說巨豹沒瞧他一眼便走進森林去了。布朗謝覺得可疑，只好繼續追問，才知道他刻意用劍敲打森林裡的樹木在裝模作樣。傳聞幹了傻事的魔法師自覺不妙，隔天拿了錢後便逃之夭夭了。

這樣的騙子除了讓．德拉．里維埃之外，其實數不勝數。總之來路不明的女巫及妖術師，耳聞吉爾的風聲後紛紛從南法各地湧入蒂福熱城堡。吉爾盛情款待了這群騙子，熱心聆聽他們得意洋洋的煉金祕術以及降魔術，不過最後還是開始對魔法師的能力感到懷疑。

就在這時候，有一位降魔高手（沒有留下名字的記錄）來到蒂福熱城堡，向吉爾展示了可怕的實驗。這讓吉爾也感到十分恐懼，後來讓他對惡魔的存在深信不疑。

實驗在蒂福熱城堡的一隅舉行，見證人是吉爾與他的心腹手下夏爾。夏爾十分小心地守在窗邊，手持聖母像，準備發生意外時能立即逃走。魔法師在地上畫了一個很大的驅魔圈，命令吉爾與夏爾走進圈中，但是夏爾覺得害怕不聽從魔法師所言，只有吉爾一個人走進了驅魔圈。

只是過了一會兒，吉爾開始湧現奇妙的恐懼感，同時覺得胸悶頭暈，難以忍受而手畫十字，禁不住詠頌出聖母之名。結果魔法師大怒，馬上命他離開驅魔圈。這時候吉爾竟然倉皇失措地從大門逃出，夏爾則從窗戶脫逃。來到屋外的二人，從屋內聽見魔法師遭惡魔攻擊的聲響，嚇到四目相覷。

當聲響終於平息下來之後，二人鼓起勇氣走進屋內一看，發現魔法師被打到額頭上腫了一大個包，全身是血，氣若遊絲。在吉爾細心照看下，幾天後才終於康復。這個魔法師身體好轉後，也馬上逃走了。

究竟這個寂寂無名的魔法師，是否真的召喚出惡靈，我們不得而知，但在降魔實驗尚未結束時便跑出驅魔圈外，可是非常危險的一件事，這點乃不爭的事實。然而這個魔法師卻連這件事都不懂，也許真的是名騙子。

傳說文藝復興時期著名的方士約翰尼斯・特里特米烏斯，他在神聖羅馬帝國皇帝馬克西米利安一世面前展示降魔實驗時，皇帝見到了亡妻勃艮第的瑪麗（Marie de Bourgougne）的亡靈，忍不住跑出了驅魔圈外，險些遭雷擊劈死。

話說最後出現在吉爾身邊，將他的靈魂給與最後一擊，帶向罪惡與瀆神深淵的人，就是前文提過來自佛羅倫斯，惡名昭彰的魔法師弗朗索瓦·普勒拉蒂。唯獨他令吉爾衷心傾倒，對待他的方式與過去的騙子方士有著天差地別。

依據審判書的內容顯示，普勒拉蒂在一四四〇年於佛羅倫斯附近的皮斯托亞（Pistoia）誕生，立志成為聖職者，由阿雷佐（Arezzo）的主教收入門下，沒過多久，成為佛羅倫斯醫生讓·德·豐塔內爾的弟子，學習魔法與煉金術，不時與師傅一起召喚惡魔。

某一天，惡魔化身成十二隻烏鴉現身，又有一天，變身美貌青年出現。據說師傅豐塔內爾都會將母雞、鴿子與斑鳩獻給這個惡魔。

在義大利旅行的途中，吉爾的心腹布朗謝發現了這名年紀輕輕卻才華洋溢的魔法師，於是欣然將他帶回了蒂福熱城堡。吉爾一見到他，好像就對這名年僅二十四歲又博學多才的俊美才子深深著迷。在審判記錄中，吉爾對普勒拉蒂的評語如下所述，「弗朗索瓦是個很能幹的人，說得一口流利的拉丁語，個性勤快工作認真」。

居然說他個性勤快工作認真！但是這個男人卻為了禁忌的地獄儀式，向吉爾苦求要活人獻祭，將吉爾隱藏在內心的欲望接連激發出來，到頭來，就是他將原本只是個性淫亂具性倒錯傾向的封建大諸侯吉爾，塑造成人人畏懼、瀆神又極度瘋狂的極惡之人。

假使沒有這個男人，吉爾在中世紀其實只是平凡無奇的放蕩貴族，度過他風平浪靜的一生，也許並不會在犯罪史上，留下難以抹滅的「藍鬍子」惡名。

話雖如此，吉爾．德．雷的盛名，還是在「藍鬍子」的傳說中永久留名。關於這方面的反論，在第二次大戰中死於收容所的超現實主義詩人羅伯特．德斯諾說過下述這段話。

「現在有人嘗試為吉爾．德．雷開脫，但是這種努力只是徒勞，令人備感困惑。吉爾．德．雷只是與我們的時代有所關聯，才會成為我們感興趣的對象。對一個男人的回憶在他死後生生不息，這個男人便與生者有同樣資格，日日發生變化，不對，應該說隨生者使他產生變化。就像這樣，不管後世的神話作者或是律師如何為吉爾．德．雷辯駁解釋，他終究只是將自己引向斷頭臺的機巧殺人犯。」

——《論情色》19

書目註記

1. Histoire de Bretagne, Dom Lobineau, 1707.
2. Les douze clefs de philosophie de frére Basile Valentin, basilius valentinus, 1899.
3. The Twelve Keys of Basil Valentine, basilius valentinus, 1599.
4. The Triumphant Chariot of Antimony, basilius valentinus, 1661.
5. The Mirror of Alchimy, Arnaldus de Villa Nova, 1597.
6. Rosarius Philosophorum, Arnaldus de Villa Nova, 1550.
7. Flos Florum, Arnaldus de Villa Nova, 16th C.
8. The Mirror of Alchimy, Roger Bacon, 1597.
9. Speculum alchemiae, Roger Bacon, 1557.
10. Evangelium Medici: Seu Medicina Mystica, De Suspensis Naturae Legibus, Sive De Miraculis, Bernard Trevisan, 1699.
11. Collectanea Chymica, Bernard Trevisan, 1684.
12. The Golden Fleece, salomon trismosin, 1395.
13. Liber Trium Verbourm, Calid.
14. Aesch Mezareph, 1956.
15. Super materia haereticorum, zanchini ugolini, 1330.
16. Directorium Inquisitorum, Nicholas Eymerich, 1369.
17. Tractatus de supersticionibus, Nicholas Magni, 1405.
18. Formicarius, Johannes Nider, 1431.
19. De L'érotisme, Robert Desnos, 1923.

地獄譜

吉爾・德・雷男爵的肖像 III

圖50　所羅門的象徵，引用自艾利馮斯．李維的著作

過去人們一直相信，所謂的惡魔隨時隨地都能現身，幻化成各種東西，不容大意。十五世紀算是中世紀的末尾，但在這個時代的人們，依然二十四小時生活在恐懼之中，害怕惡魔隨時會以可怕姿態現身眼前。當時認為，無論在泥土、火焰、空氣當中，都有精靈及惡鬼棲息，所以不能惹怒他們，最聰明的作法，還是要一起和平共存。

惡魔的力量強大，沒有人懷疑他們的存在，但是從古代至中世紀的神學家，卻都永無止境地議論著惡魔究竟有何來歷，為何開始誘惑人們。而這些繁複的議論，當然與民眾信仰毫不相干。

約翰的《啟示錄》中寫道，

「戰爭在天上就存在了。米迦勒及他的使者與龍奮戰，龍也和他們交戰，卻未能獲勝，天上再也沒有牠們的棲身之處。那條大龍就是大家口中的惡魔，又被叫作撒旦，正是迷惑全世界的古蛇，牠由天上墜落，摔到地上，而其天使也一同落下。」

總之根據約翰的說法，惡魔就是一條巨大的老蛇，原本居住在天上，和天使戰鬥後才被逐到地上。

話說惡魔摔落地上後發生了什麼事呢？這方面倒是眾說紛紜。例如聖保羅主張惡魔棲息在天與地中間的大氣層，變成了「空氣之王」。這與魔王路西法原本身為「光之天使」，曾位居天使最高階層，卻因為自大傲慢而被逐到地上的說法十分類似。在《路加福音》中有云，「我看見撒旦如閃電般從天墜落」。而《哥林多後書》中則記載「撒旦自己也裝作是光之天使」，有看過的人就知道撒旦的天使名字就是路西法，二者是相同的。

另外還有其他的說法，認為惡魔是「地獄之王」，為了誘惑亞當與基督，傳說曾二次出現在地上。這種說法與方才《啟示錄》中蛇的說法一致。《彼得後書》中有提道，「神不會赦免犯罪的天使，於是將他們推入地獄，安置在黑暗洞穴裡，看守到審判時刻為止……」。

聖彼得還將惡魔形容成吼聲如獅，如下寫道，「務必謹慎清醒，你們憎恨的惡魔，如同吼叫的獅子，四處徘徊找尋獵物吃下肚」——就像這樣，聖彼得這套論點與煽動群眾的陰險手段十分類似，一再強調魔鬼的可怕之處，引發修道士內心的恐慌，因而主張如為防止惡魔的誘惑，唯有堅定信仰。

話雖如此，在基督教理論中，惡魔絕對沒有足以對抗神的力量，所以這點與祆教和摩尼教（Manichaeism）的惡魔概念大相徑庭。誠如特士良（Tertullianus）所言，撒旦只是「模仿神的猴子」，無論再努力都無法觸及神的無所不能。所以只能為難人類，從弱點下手獲得滿足，神也為了給基督教徒考驗，有時甚至會利用惡魔的力量，也就是認同惡魔的行徑。

這樣一來事情就有趣了，當惡魔的所作所為對神的作為有幫助，那麼懷疑惡魔的存在，等同於懷疑神的存在，是個重大的謬論。事實上，聖湯馬斯甚至在《神學大全》中明言：「天主教承認惡魔的存在，認同惡魔的行徑危害人類」。

除了聖湯馬斯以外，還有許多預言者、神學家以及著名的魔法博士都說過承認惡魔確實存在這句話，所以也難怪在中世紀大教堂的雕刻及彩繪玻璃等處，都會出現那樣醜陋無比的惡魔圖像。其實一開始魔鬼的形象並沒有那麼醜惡，在拜占庭的壁畫上，墜落的「光之天使」便畫得十分宏偉，後來魔鬼的形象會逐漸變得奇形怪狀，肯定是因為教會認為有必要進一步煽動信徒內心的恐懼。

惡魔的形態學及分類學在文藝復興時代才被深入研究，在這之前，教宗額我略一世、伯爾納鐸（Bernardus Claraevallensis）、艾爾伯圖斯・麥格努斯、鄧斯・司各脫（Johannes Duns Scotus）、海斯特巴赫的凱撒里烏斯（著有《不可思議的對話》[1]）等人，都在中世紀期間提過相關論述。以文藝復興時期最知名的著作來舉例，有義大利人喬瓦尼・洛倫佐・達納尼亞的《論惡魔之性質》[2]、比利時人約翰・維耶爾的《惡魔的蠱惑》[3]、德國人約翰尼斯・舍克（Johann Schenck）的《珍奇考察》（法蘭克福，一五八四年）以及法國人布丹的《鬼附身狂》[4]等等。

還有人親眼見過惡魔。據說這個人是歐塞爾（Auxerre）市鎮的修道士羅杜爾富斯・格拉貝爾（Raoul Glaber），他在床腳看見的這個惡魔，是個有「細脖子、瘦長臉、黑眼睛，而且窄額頭上長滿皺紋，加上扁鼻子、雙耳立起、滿口狗牙」的怪物。可見自從惡魔被逐出天國後，變得相當落魄潦倒。

依據聖熱羅尼莫（Saint Hierom）的說法，撒旦被逐出天上後，帶走了他底下三分之一的天使，因此地獄裡有為數眾多的惡魔，也具備完整的階級制度及軍隊。約翰．拜耳的著作，以及在一五二二年左右於亞維農出版的著名魔法書《赤龍》裡，皆詳細分析了這種惡魔的階級制度（參閱〈雅各布斯的豬〉章節）。

惡魔的軍隊一直在等待機會，企圖引誘人類犯罪，只要魔王一聲令下，就能在地球各地現身。根據第歐根尼．拉爾修（Diogénēs Laértios）的說法，世界各地都「充斥著精靈及惡魔」，所以絕對無處可逃。惡魔會變成動物、空氣、怨靈、男夢魔抑或女魅魔，讓設定目標的人誕下孩子。亨利．波蓋的《妖術師論》[5]中有提到，惡魔「可用空氣製造出肉體」。

另外拜占庭的哲學家普塞洛斯（Michaēl Psellos）、耶穌會的惡魔學家德爾里奧、煉金師特里特米烏斯的意見一致，他們都認為惡魔依據不同的棲息地，區分成六大類，分別有火、空氣、土、水、地下、黑暗。巫魔會上看到的惡魔，就是黑暗的惡魔路西法格．羅佛卡萊（Lucifuge Rofocale）。路西法在拉丁語中意指「發光」，路西法格則意指「厭光」。

總之，這些惡魔會依照與人類訂定的契約，授予人類在地上擁有可怕的特權，而我們的主角吉爾．德．雷，同樣不禁這種惡魔的誘惑，草率地將自己的靈魂賣給了地獄的惡魔。

承前所述，在義大利人普勒拉蒂來到蒂福熱城堡之前，不時會和佛羅倫斯的魔法師一同施展降魔術，所以當然在拜訪吉爾時，他也沒忘記帶著魔法書。這是一本用黑色皮革裝訂而成的羊皮紙書籍，記錄著五八花門的魔法儀式及配方。在十五世紀，幾乎沒有人看得懂魔法書上難解的記號。當時包含吉爾在內，沒有任何一個人懷疑過這個來自外國的年輕魔法師所具備的能力。事實上普勒拉蒂正如布丹給他的定義，「是一名妖術師，是在惡魔居中調解下努力實現某些事的人」，而且他的行徑確實如此。

一四三八年底的某個晚上，吉爾與普勒拉蒂手持蠟燭，關在蒂福熱城堡樓下的一室內，用劍尖在地板上畫了一個很大的圓圈和魔法文字。接著在素陶罐裡升起炭火，將磁石粉、香料、沒藥與蘆薈籽倒入罐中焚燒，不久便散發出濛濛煙霧。他們在這些煙霧中，誦詠了長達二小時左右的降魔咒語，但是惡魔卻始終沒有現身。

不過普勒拉蒂認為，惡魔一定會告訴他們隱藏寶藏的所在地與煉金祕術。那陣子吉爾．德．雷才剛賣掉尚多歐塞的土地，終於陷入財政困難的他，不畏一開始的失敗，對這個魔法師信心十足的說法，熱情更加高漲。

普勒拉蒂念著咒語，

「以聖父聖子聖靈聖母瑪利亞之名，懇請巴隆、撒旦、彼列、巴力西卜在我們面前現身，與我們對話，聆聽我們的願望！」

惡魔巴隆是和普勒拉蒂有交情的惡魔，想來或許是因為吉爾．德．雷是個男爵（Baron，與巴隆同音），所以特別是這個名字相同的惡魔才容易被召喚。

順帶介紹一下，十九世紀篇幅最浩繁的魔法書，就是由知名的科蘭．戴．布蘭西著作的《地獄辭典》，我們來從中找找看普勒拉蒂企圖召喚的四個惡魔叫什麼名字。

首先在「巴隆」的章節中，有個段落寫著，「德．雷元帥活人獻祭的惡魔之一」。

其次是「彼列」，在這部分的記述稍微冗長一些，內容寫道，

「賽達（Saida）人崇拜的惡魔。在地獄中最為放蕩不羈、猥褻，一心只為了做壞事而做壞事。靈魂雖然醜惡，外表卻十分俊美，充滿優雅與威嚴。也在另一個城市索多瑪（Sodom）備受崇拜，但卻不曾在祭壇上受到供奉。」

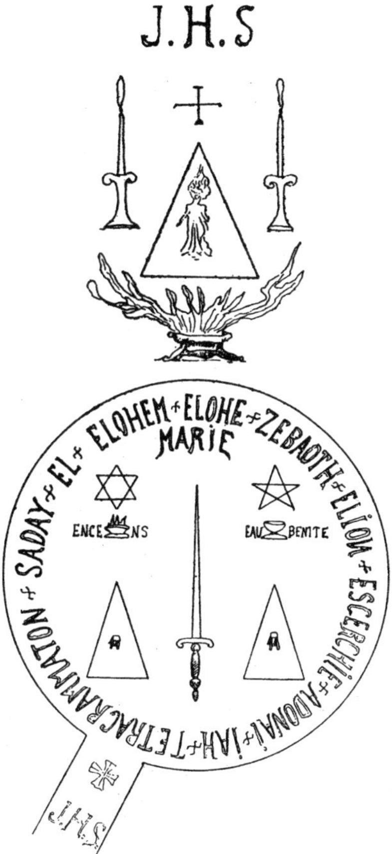

圖51　降魔術的驅魔圈，
進行實驗的二個人須站進圈內的三角形中，惡魔會從圈外的三角形中現身

接下來關於「巴力西卜」的記述篇幅最長，

「聖經上記載是惡魔的王子，依照米爾頓的說法是繼撒旦之後的掌權者，許多惡魔學家則認為是地獄王國的最高領袖。巴力西卜這個名字，意指『蒼蠅殿下』，是迦南（Canaan）民眾最尊敬的魔神，經常用蒼蠅形象來表現。由於他具有預言能力，所以當時以色列國王亞哈謝（Ahaziah）生病時，曾經仰賴巴力西卜的啟示。他在妖術師浮士德面前現身時，曾化身成長著可怕雙耳、五顏六色的毛髮以及龍尾牛身的模樣。德．雷元帥見到他時，則化身成豹的姿態，一生氣就會口吐火焰，發出狼叫聲。」

最後的「撒旦」敘述，

「雷金納德．斯科特（Reginald Scot）覺得他是第一等或第三等的惡魔，依照一般人的看法，他則是惡魔與地獄的首領。當天使對神造反的時候，當時身為北部司令官的撒旦會統領反叛軍，也就是所謂的革命家。撒旦這個名字在希伯來語裡意指『敵人』。依照米爾頓的說法，撒旦身高如塔，長四萬英尺。但是不管人們如何懇求，他還是不會現身在巫魔會上。」

以上內容，就是科蘭．戴．布蘭西在《地獄辭典》中的大略摘錄。四處可見吉爾．德．雷的名字，由此可知，吉爾在惡魔史中，其實一開始便扮演著最主要的角色。

話說吉爾與普勒拉蒂就像這樣每晚不斷向惡魔祈求，起初還獻上公雞、鴿子或斑鳩這類的小動物作為供品。還有一次，他們找不到「迪亞多克斯」這種奇珍異石，無計可施下導致實驗無法進行。這個名稱奇特的石頭，依照博薩爾神父的說法，算是祖母綠中的一種綠柱石。當時在蒂福熱城堡內還再三進行過其他實驗，卻沒有值得一見的成果，惡魔巴隆完全沒有現身，吉爾深切的願望終究無法向惡魔傾訴。

因此普勒拉蒂改變手法，為了討惡魔歡心，於是向元帥進言，應依循正式手續與地獄之王簽約。十五世紀十分盛行地獄契約，吉爾在和普勒拉蒂會面之前，已經兩度在契約書上署名，不過全都上當受騙了。第三次要他簽約，當然多少面帶難色，不過吉爾對普勒拉蒂還是極為信任。

於是吉爾親手簽訂契約，向惡魔巴隆宣誓忠誠，答應除了靈魂與生命以外，惡魔要求的一切都會全數奉上。

契約一旦簽定之後，接下來便一瀉千里，滑落頭暈眼花的性虐待螺旋樓梯，從此只能深深陷入那黑暗的萬丈深淵。這就是惡魔主義的鐵則。

反正，包含於斯曼這樣優秀的傳記作者在內，都曾寫道，「吉爾對於犯下殺人罪並不感到害怕，但他堅決不將生命讓渡給魔王，也不願放棄靈魂」，天主教徒果真相當冥頑。事實上他確實與惡魔簽約了，簽約之後當然須默默放棄基督教的信仰，也就是說，吉爾已經成為異端了。

一三二六年若望二十二世發布的詔書中也清楚寫道，「與亡者和地獄簽約者、向惡魔活人獻祭者，以及向惡魔提問獲得回答、為了滿足邪惡欲望而仰賴惡魔之力者」，須全數告發。

即便與地獄簽約了，吉爾卻從來沒機會見到惡魔一面，但是據說普勒拉蒂自己卻獨自一人會見過惡魔巴隆好幾次。本來口說無憑，不過他表示惡魔總會化身二十五歲左右的俊美青年出現。有一次，惡魔出現時帶著奇妙的黑色粉末，忠告普勒拉蒂如想一夜致富，只要將這些粉末倒入銀器中隨身攜帶即可。此時吉爾正前往布爾日旅行，普勒拉蒂馬上命下人將粉末送至當地，著實勞苦功高。

就像這樣，據說帶在身上就會引來好運的物品，在魔法用語裡稱之為「護身符」(amulet)。老底嘉 (Laodicea) 宗教會議的決議文有一段寫道，祭司及聖職者「不得成為魔法師、數學家、占星學家。不得製作護身符。持有護身符者，將逐出教會」，所以普勒拉蒂在這時候，同樣大膽違犯了教會的禁令。

還有一次，惡魔巴隆在蒂福熱城堡的大廳裡現身了，並且將金光閃閃的金塊拿給普勒拉蒂看，不過惡魔嚴格命令他，時機未到前不得觸碰金子。普勒拉蒂急忙帶吉爾回到城堡，二人再次走進大廳一看，結果普勒拉蒂突然在眼前發現了一條大尾綠蛇，身體像狗一樣粗，於是驚聲大叫，吉爾嚇出一身冷汗逃出大廳，不過馬上又帶著十字架返回，然後試著用手碰了金塊，結果哪裡有黃金，其實只是掉在地上的垃圾在發出金色光芒罷了。

故事如果這樣寫的話，大家也許會覺得普勒拉蒂實在是個惡劣的騙子，不過事情不能這樣一口咬定。尚且不必提到《舊約聖經》裡先知但以理的例子，許多人看不見的事物，有可能只有一個人可以清楚看見，自古以來，神祕家在在證實，無論黑魔法或白魔法，時常因為超能力而看見幻覺。驚動過康德的史威登堡*，就是最明顯的例子。因此無人敢斷言，普勒拉蒂沒見過惡魔或綠蛇。

以醫學的角度來看，這些幻覺現象也可以解釋成神經衰弱、妄想狂或寄生蟲侵入內臟所造成，但還是有無法解釋清楚的偶然巧合，這部分保留在神祕領域會比較明智。至少在本書《黑魔法手帖》裡，要是嚴守像這樣超越科學界限模稜兩可的合理主義，書就寫不下去了……。

---

* 史威登堡（Emanuel Swedenborg，一六八八－一七七二），為著名瑞典科學家、哲學家、神學家和新教會的理論奠基人。在一七四五年他堅信自己看見異象，於是開始致力研究《聖經》以及著手寫作神學方面的著作，在一七四七年辭去了皇家礦務局的職務，在之後的25年發表了十四部神學作品。

話說回來，從犧牲動物作為供品，變成犧牲人類作為供品，這是惡魔禮拜的常規。恐怕吉爾一開始也是依循了普勒拉蒂的意見，將一個孩童的手、眼與心臟獻給地獄魔王後，自此開始墮落，所以第一次純粹是為了惡魔禮拜，後來嗜血成性，則是很久以後才開始增加的興趣。

將孩童獻給魔神，這在古代東方的祕教中出現過許多例子，其實據說在中世紀，同樣有名為聖殿騎士團的異教祕密組織，將自己的新生兒獻給詭異的崇拜偶像巴風特。吉爾也和這些發源自古代的祕密宗教祭司一樣，不知不覺將神聖的逸樂與肉體的歡愉混為一談，等他察覺到的時候，那種沾滿鮮血令人不寒而慄的屠殺習性，已經滲透全身上下了。

究竟吉爾殺害過多少孩童，他自己也答說不記得了，不過依據審判記錄顯示，自從他隱居蒂福熱城堡之後，直到被判死刑這八年期間，殺死了超過八百名孩童。如果是用納粹近代的殘殺手法倒還可以理解，但是這八百人的數字，在當時實在令人目瞪口呆。無論是羅馬暴君、義大利的專制君王還是蒙古大汗，絕不會為了個人惡魔主義的享樂，刻意做出如此大規模的屠殺。

不過這個數字各方見解不同，米什萊估計是一百四十人，蓋爾雷斯覺得是一百五十人，朱爾斯·勒尼奧（Jules Regnault）博士主張是二百人以上，就連於斯曼也說，很難想像吉爾曾殺害過八百人。薩洛蒙·雷納希（Salomon Reinach）與盧多維科·埃爾南德斯（Ludovico Hernandez）博士

圖52　受到召喚的惡魔

則斷言，其實吉爾犯下殺人罪全是捏造，不過是妄想而已，雖說他們想為吉爾恢復名聲，但是這種意見似乎還是有些過於極端。

布列塔尼公爵曾下令讓．德．托切龍德（Jean de Tocheronde）警官負責搜查，他在搜查報告書中，記錄下幾件慘絕人寰的兒童綁架事件。

尤其是一名六十歲上下的可怕老太婆佩林．馬丁（Perrine Martin），她在兒童綁架事件中擔負重任，總是率領身強力壯的男子在附近原野閒蕩，一看到美貌的少年就會走近過去，說故事給對方聽或是拿點心糖果給對方吃，巧妙地將孩童引誘進森林裡。然後守著那裡的男子便會堵住孩童的嘴巴，綑綁手腳塞進袋裡，帶回蒂福熱城堡。

依照米什萊的說法，這個老太婆綽號叫「白尾鷲」，大家都很怕她，聽說她總是「用黑布包住半張臉」，但在審判記錄中，只寫著她身著灰色衣服與黑色頭巾。

八年間，不管是在蒂福熱村莊裡，還是在拉蘇茲，都再難看到男孩的蹤跡，而尚多歐賽城堡高塔的地下室裡，則是屍骨高疊。根據證人紀堯姆．希萊萊特（Guillaume Hilairet）耳聞的謠言顯示，「在尚多歐賽城堡中，發現了塞滿兒童屍首的大木桶」。

吉爾的僕人亨里爾與普瓦圖陳述，二人分別將四十餘名男女兒童交到主人手上，聽說主人在瘋狂屠殺之前，會讓孩童滿足他性倒錯的欲望。

換言之，他讓孩童二度為他的放蕩行徑作出奉獻，吉爾異於常人的欲望，並不是想姦淫兒童，而是將自己的身體架在被迫仰臥的孩童腹部上，藉此得到滿足。訴訟記錄裡有一個段落寫道，「這個作法比在兒童性器上完事，更能得到快樂又能減輕痛苦」。

這種行為以天主教的說法稱作瀆犯（pollutio），或是近似精神病理學中所謂的摩擦欲（frottage，藉由摩擦他人身體以得到快感），毫無疑問將吉爾性倒錯傾向的部分，清清楚楚地展現出來。

「我至今仍時常漫步曠野」，尚・惹內（Jean Genet）在書中寫道：

「尤其是黃昏時刻，在我造訪過去吉爾・德・雷居住過的蒂福熱城堡廢墟回程路上，遇見金雀花時，都會對這些花興起深切共鳴之情，我會滿心愛戀地仔細欣賞這些金雀花。我不敢斷言我不是金雀花之王，說不定我是金雀花精靈，金雀花就是我在自然界的徽章。其實我是透過金雀花，在吉爾・德・雷手中被刺死、屠殺、火刑的孩童及青年粉碎骨骸滋養下，才能扎根於這片法國土地上。」

——《小偷日記》

書目註記

1. Dialogue on Miracles, Caesarius of Heisterbach, 13th C.
2. De natura daemonum, Giovanni Lorenzo d'Anania, Venice, 1589.
3. De praestigiis daemonum, Johann Weyer, Basel, 1568
4. De la démonomanie des sorciers , Jean Bodin, Paris, 1580.
5. Discours exécrable des sorciers, Henry Boguet, 1979.

幼兒屠殺者

吉爾・德・雷男爵的肖像　IV

圖53　異端裁判所的拷問情形

惡魔禮拜與性虐待、同性戀之間，似乎有著切也切不斷的關係。當然像是十七世紀在修道院誘惑純樸修女，因而被燒死的著名妖術師高弗里迪（Louis Gaufridy）或於爾斑．格蘭迪耶，大多擁有正常的性欲，但在惡魔附身的狀態下，以及性倒錯的時候，似乎在本質上有其共通的地方。舉例來說，法國思覺失調症的權威，吉恩．雷荷密特（Jacques Jean Lhermitte）便提出下述證言：

「若以心理學的角度來分析鬼附身患者的性變態現象，發現大多數都會出現欲望低落或是性倒錯的情形。其中最令人害怕的，是同性戀的傾向。」

由於雷荷密特觀察到的都是現代人，難不成在這二十世紀的原子能時代，法國周邊依然存在許多被惡魔附身的人？可見人類的精神疾病，還是無法藉由文明及技術的進步澈底驅除。

若從歷史的角度來調查非自然法性行為（sodomy，包括同性戀與獸交）與魔法的關係，首先在《聖經》中會瞧見各式各樣充滿暗示的文章。就像日本德川幕府的腎虛將軍一樣，古代近東和中東的專制君主，也有完全沉浸在淫蕩生活之中，精神錯亂又短命的慣例。除此之外，他們身邊都聚集了眾多魔法師及占卜師，眾所皆知他們幹盡了現代人無法想像的瘋狂行徑與缺德惡行。

舉例來說，以色列掃羅王（Saul）自從罹患了原因不明的憂鬱症之後，為了請教女占卜師的預言而在沙漠中來回躑躅，最後終於失去理智，聲稱見到了士師撒母耳的幽靈。這段故事在《撒母耳前書》中也有記載。

因「空中花園」而遠近馳名的巴比倫王尼布甲尼撒（Nebuchadnezzar），因為沉溺魔道最終患上了動物附身妄想症，他想像自己是頭牛，不但發出牛叫聲，還雙手雙腳著地步行，甚至跑到原野上吃草。依據《但以理書》的記載，「終於他的毛髮如同鷲的羽毛，指甲長得像鳥爪一樣」，於是最後他在原野上發瘋而死，真是一個令人毛骨悚然的悲慘故事。類似的現象，後來被稱作狼化妄想（lycanthropy），正如同日本的「狐狸附身」一樣，在野狼等野獸出沒的歐洲鄉村大舉蔓延。

另外在古歷史學家西西里的狄奧多羅斯（Diodorus Siculus）的書中有提到，以豪奢著名的亞述末代君王薩達納帕魯斯（Sardanapalus）「經常避人耳目如同女人般在過生活，他會在女人的房裡打發時間，穿著女性服裝，臉抹白鉛，將娼婦用的化粧品塗滿全身。除此之外，還煞費苦心裝作女性嗓音，與男男女女不知羞恥地沉浸在歡愉之中」。

代代羅馬皇帝為男色和魔法神魂顛倒的事實，在蘇埃托尼烏斯的《羅馬十二帝王傳》都有詳細描述。像西塞羅（Marcus Tullius Cicero）這樣的哲學家雖然寫了《占卜論》來否定魔法，卻也無法抵抗這股洶湧澎湃的風潮。

古羅馬盛行的占卜，是將動物的腹部切開後，觀察其內臟以判斷吉凶的「腸占卜」，對此感到懷疑的皇帝提貝里烏斯，一方面禁止這種腸占卜，大量虐殺魔法師，另一方面又偷偷招攬知名預言家特拉西盧斯（Trasilus）入宮，研究召喚惡靈的咒語等。

圖54　掃羅王與撒母耳的幽靈

最有名的，就是尼祿聽從占星學家巴比盧斯（Balbillus）的指示，將許多魔法師一個接著一個給處死了。

這個尼祿同時也是熱愛異性裝扮的同性戀，傳說他以女裝和名叫提格利努斯（Tigellinus）的男子結婚，還曾身著男裝與名叫斯波洛斯（Sporus）的男子成親。薩德侯爵的小說裡，便出現過具有如此怪異嗜好的男子，名字叫作諾爾瑟伊（Noirceuil）。

而為了去世的美少年安提諾烏斯（Antinous）建造神殿的哈德良皇帝，正好可以聯想成日本室町時代的將軍，是個多愁善感的頹廢皇帝，但他還是十分熱衷魔法及占卜術。關於身兼太陽神祭司一職的赫利奧加巴盧斯皇帝，則是非得與敘利亞出身的魔法師商議，才敢做出政治上的決策。他是個與中世紀的吉爾．德．雷不相上下的性倒錯者，犧牲了許多孩童供奉太陽神巴力，還自己打扮成女裝與奴隸希耶羅克勒斯（Hierocles）及鬥士佐蒂克斯（Zoticus）結為夫妻。

進入中世紀之後，妖術在大眾面前受到廣泛討論，雞姦之罪在教會嚴厲壓制下，乍看似乎消失無蹤了。不過這種說法完全不可能，因為不只是封建大諸侯，包含羅馬教宗在內，一直偷偷沉溺在千古流傳的罪惡行徑之中。因「卡諾莎之行」*而聞名的日耳曼尼亞亨利四世，被教會以通姦、強姦、違背人倫等等之罪告發；而美男子腓力國王的法律顧問，則反過來譴責法國教宗波尼法爵八世是同性戀、魔法師，而且雙方都是有憑有據。

有些人主張，是十字軍導致西歐開始流行同性戀。因為十字軍的騎士擔心在遠征時不小心與各國女子有染的話，會患上痲瘋病或丹毒，不得已只好找同伴彼此滿足欲望。

在中世紀魔法一大重地的西班牙托雷多，若提到「托雷多學」，馬上就知道是魔法的意思，這座因葛雷柯（El Greco）的繪畫而名聲大噪的陰森城鎮，尤其盛行召喚死靈的「招魂術」。與托雷多並列魔法重地的還有法國的迷笛，摩尼教、波格米勒派、阿爾比派與卡特里派等各門異教在這塊土地上急速拓展。特別是卡特里派一直認為懷孕是惡魔所為，所以才會默許與不會有懷孕之虞的男同志性交。

十四世紀勢力非常龐大的宗教祕密組織「聖殿騎士團」，也有奇怪的入會儀式，新團員簡直就像身在巫魔會中，必須親吻舊團員的臀部及陽具。這種行為不一定是性放蕩，也具有崇高精神的表現，但是對這一派有反感的人們來說，恰好成為他們譴責的藉口。

＊ 卡諾莎之行（l'umiliazione di Canossa），發生於一〇七七年一月，神聖羅馬帝國皇帝亨利四世因危害教廷執政地位，被教宗額我略七世處以破門律絕罰並逐出教會。亨利擔心貴族叛亂，決意與教廷和解，並從萊茵河畔的施派爾到艾米利亞—羅馬涅的卡諾莎城堡向教宗額我略七世屈膝要求赦免絕罰，為赤足越過阿爾卑斯山的苦行。

在文藝復興時期存在許多黑彌撒的例子，而黑彌撒與惡魔禮拜、性變態的結合最是經典。前文已經提過凱薩琳·德·麥地奇的例子了，接下來繼續舉一個有名的事例，就是在巴黎郊外的萬塞訥城堡古塔裡，沉溺於妖術及降魔術的法國國王亨利三世。當時巴黎市民大大風傳他在這裡活人獻祭，所以亨利三世死後，據說在古塔裡發現四處都有經過鞣製的孩童人皮，以及黑彌撒用的銀器等等。

文藝復興時期是個毫無秩序又解放的時代，雖然道德頹廢卻充滿藝術涵養的奇人輩出，其中與切薩雷·波吉亞（Cesare Borgia）齊名，極惡無道的人物就是義大利里米尼的專制君主西吉斯蒙多·馬拉泰斯塔（Sigismondo Malatesta）。

依據歷史學家布爾克哈特（Carl Jacob Burckhardt）的記載，

「歸罪他殺人、強姦、通姦、近親相姦、褻瀆聖物、偽證、背叛的，不只有羅馬法庭，歷史上的判決更是如此。但是身為一個人最叫人不寒而慄的，是他主動挑逗兒子羅伯托的同性戀行徑，雖然當時兒子持短劍將父親逼退了，不過仔細想想，這不只是單純因為不倫背德所導致，而是迷信占星術及魔法的結果。」

——《義大利文藝復興時期的文化》

自古以來，專制君主對魔法及非自然法性行為如何瘋魔，使得令人忌憚的精神衰弱與殘虐行為屢屢發生的例子，參考前文幾乎足以說明了。如此想來，中世紀大貴族吉爾．德．雷的情形，大家應該也都能理解，這未必是前所未聞的特殊案例。雷荷密特教授也說過，在惡魔主義與性變態之間，肯定存在著必然的關係。

只是吉爾．德．雷與古代頹廢掌權者最大的不同點，是他並不會單純為了性興奮而採取嗜血的行徑，而是對性虐待更加講究，由此追求與肉欲對抗的無償想像力遊戲。以這點角度來看，他算是一名藝術家，儘管在現實中犯下了無數的殺人罪，最後還是活在夢幻般的概念世界裡。

接下來，就來為大家介紹吉爾最講究的性虐待情節。

可憐的孩童被帶到城堡之後，吉爾先命令部下，將用來活人獻祭的少年塞住嘴巴，把孩童吊在牆上的鐵鉤上。當充滿恐懼的孩童眼見就要窒息時，吉爾再將孩童從鐵鉤上放下，讓他們坐在膝上為他們拭去眼淚，溫柔安撫。接著會指著部下說：「你們這群人真壞，不過有我在你們就不用擔心了，我一定會救你們的。」於是孩子放下心來重展笑容，完全不知即刻將被殺害。這對吉爾來說，會勾起他惡行之後無法言喻的快感。就在孩童慶幸得救之際，吉爾會從背後靜悄悄地砍下他們的頭，一見到鮮血直流，他會忘我地欣賞剛斷氣的孩童屍首臨終抽搐的模樣。接著馬上發出尖叫再一面反覆揉搓屍體，翻來覆去地把玩。

胡鬧玩過一陣子之後，吉爾再次命令部下，將孩童的手腳切成好幾塊，有時還會自己動手，用短刀將頭部與身體切開，甚至開腹將內臟扯出來，聞著微溫臟腑的悶臭味，再用帶釘的木棒將頭蓋骨敲開，使腦漿四溢。視劊子手的心情好壞，有時孩童還會活生生接受這種殘酷的處置。元帥像這樣見血之後，出神忘我的程度就會極度升高。

驚人的笑聲，在蒂福熱城堡深處的厚重城牆中回盪著，那是精神病猛烈發作的性虐待狂發出的笑聲，那是吸血鬼的笑聲。這時候只能猜想，他這個人已經化身成魔王撒旦了。

對吉爾來說，死亡與痛苦才是遠高過性高潮的喜樂泉源。就像男傭普瓦圖在法庭上的證詞，每當犧牲者開始露出臨死前的痛苦神情，吉爾會走到他們身邊，彷彿欲舔嚐般地盯著他們的表情。吉爾自己也自白說，在擦拭犧牲者血痕或將屍體寸斷之前，會猛然地坐在他們身上，欣賞他們痛苦的痕跡是他最大的樂趣。

在此引用米什萊著名的《女巫》[1]書中內容，如下所述：

「在這種惡魔的宗教裡，最可怕的一點是人類會逐漸破壞內在的心性，直到最後會變成人以外的東西，將成為惡魔。起初雖然心不甘情不願地為魔王殺人，但是不久後會開始樂於為自己去殺人。比起痛苦，更加享受死亡。如此重大的生命，卻完全為了一時的消遣取樂，實在可怕。悲切的吼叫、臨死前的痛苦掙扎，取悅著他的耳朵。瀕死時苦悶的表情，將引爆他的笑聲。最後當犧牲者開始痙攣時，他還會坐在他們顫動的屍身上。」

在米什萊簡潔呈現的名文中，完美捕捉到惡魔主義與性虐待的奧祕。眾所皆知，吉爾愛好獵物可滿足肉欲的濃厚肉汁，搭配上摻雜香料的刺激烈酒。不過酒與惡魔禮拜及性變態有何關係呢？接著就來看看切薩雷．龍勃羅梭（Cesare Lombroso）針對某個犯罪者所提出的觀點。

「一個名叫瑋帛的女子有性倒錯的傾向，受酒精催化下，絞殺了兒童還感到異常的性快感。只能說明是酒精引起了她的犯罪。」

在吉爾．德．雷這個例子中，酒精不也是舉足輕重嗎？關於這點，在法國曾以吉爾．德．雷作為醫學論文主題的貝內爾（Frédéric—Henri Bernelle）博士，便提出了相當大膽的假設，他認為吉爾說不定是遺傳性酒精中毒的受害者。這個假設，乍看之下近似胡說八道，但是假設十五世紀當時的許多貴族，經常沉溺酒色，在酒精中尋求快樂、狩獵以及戰爭帶來的刺激，就這點事實來看，也未必難以讓人認同。

接著順便引用十六世紀末義大利的魔法家，吉安巴蒂斯塔．德拉．波爾塔對於酒精效力的意見。他以〈使人瘋狂的方法〉為題寫了一篇文章，提到酒精讓人感覺像是犯罪的導火線，但以結論來說，他的意見與近代醫生一般的觀點沒有太大差別。也就是說：

「想讓人瘋狂，可利用下述方法合成的酒。首先要取毒茄的根丟進煮沸的葡萄液中，待滾滾冒泡後，倒入容器蓋上蓋子，放置在適當場所三個月的時間。需要的時候，讓對方喝下即可。對方喝下酒後，一開始會陷入沉睡，接著會喪失正常意識，一整天都會變得瘋瘋癲癲，但是只要睡上一覺，即會恢復正常，也不會有嚴重的不適感，反而會留下開心的回憶。」——《自然魔法》

先不論遺傳性酒精中毒的情形，但是任誰都無法斷言，來自毒藥及春藥發源地義大利的魔法師普勒拉蒂，沒給過吉爾某些利用魔法調製而成的春藥或興奮劑，說不定是大麻、洋金花？也可能是顛茄或天仙子？

無論是哪一種，吉爾在病理學的傾向，終究非這些毒物可以比擬，其症狀嚴重乃不爭的事實。所有的性倒錯傾向，都能在他身上發現，由這點看來，吉爾也許就居住在薩德侯爵描述的幻想世界裡。

舉例來說，克拉夫特．埃賓視為性虐待之一的戀屍癖（necrophilia），也名列吉爾變態症狀的細目之中。

「為了克服人類在屍體前自然而然感到的恐懼，發現與屍體性交結合的快樂，必定須具備變態的性欲。」

克拉夫特·埃賓如此表示，不過吉爾瘋癲的事跡，甚至嚴重到將屍體四分五裂，拿著切斷的頭顱及手腳，像美術品一樣熱情地欣賞著，進展成哪個屍塊最美的品評會了。

接下來當討人喜歡的頭顱雀屏中選，他就會攥著頭髮將頭顱提起，忘我地熱吻冰冷的嘴唇，暫時擺在暖爐上的層架做裝飾，沒多久看膩之後，馬上丟進爐灶裡燒成灰，並站在塔上讓這些灰燼隨風飄散，或是丟進茅房。吉爾這樣玩弄屍體、品評屍塊的行徑，是不是會讓人聯想起過去曾在《新青年》中連載過，谷崎潤一郎的性虐待小說《武州公祕話》中的一段插曲呢？

依照於斯曼的說法，「某一天吉爾的孩童存貨用光了，終於向懷孕婦女下手，甚至做到剖腹取子的地步來享樂」，這種事情並非不可能。羅馬的護民官波田提安努斯（Potentianus）在向地獄之神祈禱時，便幹過同樣的行徑，而且《日本書紀》中也有記載，日本古代的武烈天皇做過相同的事。

布丹在《鬼附身狂》中也寫過，洛桑市教區有個叫作斯塔德林（Stadlin）的人，殺了七個仍在母親腹中的胎兒；德國波美拉尼亞一個名叫約阿希姆·韋德爾（Joachim von Wedel）的人，他在年代記（Chronicle）也寫道，有名男子殺死二十四個孕婦，將胎兒取出用於魔法實驗，犯行曝光後，於一五八一年九月十六日被處死刑。

吉爾將薩德透過小說描述就能滿足的世界，完全加以實現變成現實了。

總之，讓現世變成惡魔的樂園、暗黑的天堂，這人類史人唯一的天才犯罪者，非吉爾·德·雷莫屬。

逮捕吉爾·德·雷的過程，一直是個謎。

那樣一個顧前不顧後的元帥，即便無力迎擊國王的軍隊，為何還是躲在城堡一隅，並未抗戰到最後一刻呢？於斯曼的推論如下所述：

「若要臆測他的心境，恐怕是因為長久過著放縱之夜，損害健康導致體虛。也許是褻瀆聖物後的惡劣快感搞壞了身體，或是在後悔之情折磨下意氣消沉。也可能厭倦了過去的生活期盼受到刑罰，與多數的殺人犯一樣，已經放棄自我。這當中的來龍去脈，不得而知。」

他於一四四〇年十月二十二月在法庭上的告白，從煉金術開始到魔王祈願、幼兒屠殺等等，鉅細靡遺陳述了所有犯下的重大罪行。

當他開始在裁判所述說犯罪過程時，聽說旁聽席上滿滿的人群中，有一些女人發出駭人的哀嚎聲後昏厥過去，甚至有一些主教一臉蒼白，十足可以想像為何如此。

吉爾對於這樣的騷動不以為意，他用類似夢遊症患者的眼神，盯著自己的雙手，彷彿想擦去滴落的鮮血，汗流如雨地繼續陳述著。自白結束後，他突然全身無力跪倒在地，全身顫抖流下眼淚，哀訴道：「神啊，請大發慈悲寬恕我吧！」

於是，將後半輩子獻給惡魔的稀世殺人魔，在最後那一瞬間又再次變回崇拜聖女貞德的神祕主義者，請求神的慈悲，心滿意足地登上了火刑臺。

書目註記

1. La Sorcière, Jules Michelet, 1862.

文庫版後記

六〇年代我一頭栽進惡魔學及神祕學裡，一開始先入手了於斯曼的序文，以及內有亨利．馬爾瓦插畫，由朱爾斯．布瓦著作的《惡魔學與魔法》，後來才開始陸續將文獻蒐集齊全。此道魅力無限，一旦陷入便難以自拔。因此在我的書架上，皮革封面的古書與日俱增。

原本這本《黑魔法手帖》，是我千辛萬苦跨足神祕學領域後，以一名初學者的角度執筆的成果，現在重新翻閱，隨處可見幼稚的見解以及辭不達意的表現，還有小錯不斷。現在市面上也出版了相當多有關魔法及煉金術的書籍，所以不應再期待這本書會出現當初出版時的衝擊力了。當初《黑魔法手帖》初版上市之際，無論外盒、封面、側面都是一片漆黑，在書界掀起小小話題，現今已故的三島由紀夫，也曾讚嘆這是一本「職業殺手般丹蒂主義（Dandyism）之書」。

《黑魔法手帖》從昭和三十五年（一九六〇年）八月至三十六年（一九六一年）十月為止，共在《寶石》（並非光文社推出的同名雜誌，而是寶石社發行的推理小說專業雜誌）雜誌上連載十五次，後來由桃源社於昭和三十六年十月出版單行本，而三島由紀夫讚嘆的就是此版本。另外還收錄在昭和四十五年（一九七〇年）二月出版的《澀澤龍彥集成》第一卷中。

回想起美日安保條約在社會上引起紛擾之際，正是我著手撰寫《黑魔法手帖》的時候。現在自初版上市已逾二十年，此時推出全新的文庫本，我刻意未加潤飾，以尊重自己當初稚拙的文筆，敬請各位見諒。

昭和五十八年（一九八三年）十月

澀澤龍彥

黑魔法手帖

出版◆楓樹林出版事業有限公司
地址◆新北市板橋區信義路163巷3號10樓
郵政劃撥◆19907596 楓書坊文化出版社
網址◆www.maplebook.com.tw
電話◆02-2957-6096 傳真◆02-2957-6435
作者◆澀澤龍彥
翻譯◆蔡麗蓉
責任編輯◆周佳薇
校對◆周季瑩
封面插畫◆安品
港澳經銷◆泛華發行代理有限公司
定價◆380元
出版日期◆2022年6月

國家圖書館出版品預行編目資料

黑魔法手帖／澀澤龍彥作；蔡麗蓉翻譯. --
初版. -- 新北市：楓樹林出版事業有限公司,
2022.06 面； 公分
ISBN 978-626-7108-35-2（平裝）
1. 巫術 2. 中世紀 3. 歐洲
295 111004837